N. G. Round

PERIBAÑEZ
Y
EL COMENDADOR DE OCAÑA

LOPE DE VEGA

PERIBAÑEZ
Y
EL COMENDADOR DE OCAÑA

Edited, with introduction and notes, by

J. M. RUANO
Lecturer in Spanish, University College, Galway

and

J. E. VAREY
Professor of Spanish, Westfield College,
University of London

TAMESIS TEXTS LIMITED
LONDON

TAMESIS TEXTS

Golden Age Drama: Series Editor, J. E. Varey

© Copyright, Tamesis Texts Limited
London, 1980
ISBN 0 7293 0082 X

Depósito legal: M. 7380-1980

Printed in Spain by SELECCIONES GRÁFICAS
Carretera de Irún, km. 11,500 - Madrid

for

TAMESIS TEXTS LIMITED
LONDON

In memory of Premraj Halkhoree.

ABBREVIATIONS

Ac	Real Academia Española
BAE	Biblioteca de Autores Españoles
BCom	*Bulletin of the Comediantes*
BH	*Bulletin Hispanique*
BHS	*Bulletin of Hispanic Studies*
HR	*Hispanic Review*
MLN	*Modern Language Notes*
NBAE	Nueva Biblioteca de Autores Españoles
NRFH	*Nueva Revista de Filología Hispánica*
RF	*Romanische Forschungen*
RFE	*Revista de Filología Española*
RoN	*Romance Notes*

INTRODUCTION

DATE

La famosa tragicomedia de Peribáñez y el comendador de Ocaña was first published in Doze comedias de Lope de Vega Carpio
familiar del Santo Oficio. Sacadas de sus originales. Quarta parte
(Madrid: Miguel Serrano de Vargas, a costa de Miguel de Siles, 1614), fols. 77r.-102r. The earliest date in the preliminaries
of the volume is that of the aprobación signed by Fray Juan Bau-
tista and dated 20 December 1613. Two further editions quickly
followed in the same year: a page-for-page reprint, published by
Nicolás de Asiaín in Pamplona, and a volume with different
pagination, issued by Sebastián de Cormellas in Barcelona. No
further editions appeared during the seventeenth and eighteenth
centuries, and the play does not appear to have been issued as a
suelta, or single copy.[1]

The date of composition of the play has given rise to much
conjecture. Four different approaches have been made to the
problem by various critics. The first is based on the appearance
among the dramatis personae of Belardo. In several plays a
character of this name is used by Lope to present his own views,
often with autobiographical allusions.[2] In 11. 2330-44, Belardo
gives the impression of being old and weary, 'el gusto se acabó ya',
and he has turned to the Church: 'a la Iglesia me acogí.' No firm
evidence can be adduced from this statement. It is not clear
whether the reference is intended to be autobiographical or not
and, if so, it is uncertain as to whether Lope is referring to his
decision in 1614 to enter the Church (after the death of his son,

---

[1] Pedro SALVÁ Y MALLEN, Catálogo de la biblioteca de Salvá (Valencia: Ferrer de Orga, 1872), I, 635, states that the play 'se publicó con
sólo el título de El comendador de Ocaña', but we have been unable to
trace this edition; indeed, it is not clear if Salvá is referring to a suelta
or to a version published in a collected volume. It is possible that he
confused Lope's play with the comedia de chanza referred to in note 8,
below.

[2] S. GRISWOLD MORLEY, 'The Pseudonyms and Literary Disguises of
Lope de Vega', University of California Publications in Modern Philology,
XXXIII (Berkeley and Los Angeles: Univ. of California Press, 1951), 429-34.
See also End-Note to l. 2334.

Carlos Félix, and of his second wife, Juana de Guardo, in 1613), or whether he alludes to his joining, in 1609, the Congregación de Esclavos del Santísimo Sacramento. In 11. 2345-51 Belardo further complicates the issue by referring to his age as 42; since Lope was born on 25 November 1562, this statement —if it is to be taken literally as autobiographical— points to the years 1603-4 as the date of composition of the play. Otis H. Green further believed that 11. 2446-9 alluded in a veiled manner to Lope's *Jerusalén conquistada,* written in 1605, but not published until 1609. These conjectures are totally inconclusive, and the debate is sterile. As Wagner and Zamora Vicente have pointed out, Belardo's reference to his age is presented in a humorous fashion, and there may well be a deliberate obfuscation on Lope's part of his real age, if indeed we are to read these lines as referring directly to the poet himself, and not to the character in the play.[3]

The second approach is that initiated by Morley and Bruerton in their *The Chronology of Lope de Vega's 'comedias',* a work which seeks to establish the dates of Lope's plays by means of an examination of their strophic versification, whilst giving due weight to other evidence such as internal allusions. Their analysis of the various verse forms utilised in *Peribáñez* leads them to put forward the years 1609-12 as those of the date of composition, with a probability that the play was written *circa* 1610. In the Spanish

---

[3] M. MENÉNDEZ Y PELAYO, *Obras de Lope de Vega,* Ac. X (Madrid: Suc. de Rivadeneyra, 1899), lix-lx, reprinted in *Estudios sobre el teatro de Lope de Vega,* V, Edición Nacional (Madrid, CSIC, 1949), 35-7; Hugo A. RENNERT and Américo CASTRO, *Vida de Lope de Vega (1562-1635)* (Madrid: Suc. de Hernando, 1919), pp. 221-2 and note to p. 221; Otis H. GREEN, 'The Date of *Peribáñez y el Comendador de Ocaña',* MLN, XLVI (1931), 163-6; S. Griswold MORLEY, 'Notas sobre cronología lopesca, III. La fecha de *Peribáñez',* RFE, XIX (1932), 156-7; Carolina PONCET, 'Consideraciones sobre el episodio de Belardo en la tragicomedia *Peribáñez',* Revista Cubana, XIV (1940), 78-99; LOPE DE VEGA, *Cuatro comedias,* ed. John M. Hill and Mabel Margaret Harlan (New York: Norton, 1941), 9-13; LOPE DE VEGA, *Peribáñez y el Comendador de Ocaña,* ed. Ch.-V. Aubrun and J.-F. Montesinos (Paris: Hachette, 1943), xv-xvi; Charles Philip WAGNER, 'The Date of *Peribáñez',* HR, XV (1947), 72-83; S. G. MORLEY, 'The Pseudonyms and Literary Disguises', 483; Richard W. TYLER, 'Suggested Dates for More of Lope de Vega's *comedias',* MLN, LXXVII (1952), 170-3; Juan LOVELUCK, 'La fecha de *Peribáñez y el Comendador de Ocaña',* Atenea [Chile], Año XXX, CX, 336 (1953), 419-24; LOPE DE VEGA, *Peribáñez y el comendador de Ocaña. La dama boba,* ed. Alonso Zamora Vicente, Clásicos Castellanos (Madrid: Espasa Calpe, 1969), vii-xiii.

translation of their work, published in 1968, the authors modified somewhat their earlier position. The play is now assigned to 1605-12 (probably 1605-8).[4]

More recently, Noël Salomon attacked the problem from another angle: the presence in the play of a character named Luján. Bruerton had already stated that the surname argued for a date of composition of about 1608, the period of Lope's liason with Micaela de Luján. Salomon pointed out, however, that Luján is not a character who appears in a good light in the play, and that this may therefore indicate a date of composition after the affair with Micaela (1608-11) had definitely ended. In 1962 Salomon returned again to this question and, in a second article, changed his ground, arguing that the presentation of the character of the Comendador alluded to Rodrigo Calderón, the protégé of the Duque de Lerma, who became a Knight of Santiago and Comendador de Ocaña in November-December 1611. These honours came at a time when Calderón was under severe attack from his enemies, and in April 1612 he was sent on an embassy to Flanders, an apparent honour which, however, removed him from the centre of power. Among the ways in which his enemies sought to discredit him was by insinuating that his ancestry was suspect, and Salomon sees in *Peribáñez* an attack on Calderón through the character of the Comendador, a figure presented as a contrast to the sturdy countryman, proud of his *sangre limpia*. Furthermore, the allusion to *grandeza* in 1. 873 is seen as a sly reference to Calderón's aspirations to the title of *grande*. Basing himself on these arguments, Salomon suggests that the play was probably written between December 1611 (the date of Calderón's appointment to the *encomienda* of Ocaña) and December 1613 (the date of the earlier *aprobación* in the first edition of the play).[5]

Charles Philip Wagner indicates a different line of approach in his article of 1947. After examining the Belardo reference,

[4] S. Griswold MORLEY and Courtney BRUERTON, *The Chronology of Lope de Vega's 'comedias'*, The Modern Language Association of America Monograph Series, XI (New York and London: MLA and OUP, 1940), 227-8; and *Cronología de las comedias de Lope de Vega* (Madrid: Gredos, 1968).

[5] Noël SALOMON, 'Simple Remarque à propos du problème de la date de *Peribáñez y el Comendador de Ocaña*', *BH*, LXIII (1961), 251-8; and 'Toujours la Date de *Peribáñez y el Comendador de Ocaña*, «tragicomedia» de Lope de Vega', in *Mélanges offerts à Marcel Bataillon par les hispanistes français*, ed. M. Chevalier, R. Ricard and N. Salomon, *BH*, LXIV *bis* (1962), 613-43.

and the possible allusion to *Jerusalén conquistada*, Wagner centres his attention on the Toledan background to the work. He notes that the licence to print the plays eventually published in *Parte IV* of Lope's *comedias* was in the hands of the *autor de comedias* Gaspar de Porres; the originals appear to have been in his possession before his retirement from the stage, *circa* 1608. This theatrical manager was in Toledo in 1605, at a time when Lope himself was also living there. Such a date fits in with Belardo's reference to his age as being 42. Bearing in mind also the reference in the play to the Feast of the Assumption of the Virgin (15 August), Wagner concludes that the play should be assigned to August 1605. Zamora Vicente has more recently accepted these arguments, adding the information that Porres's company performed in the Assumption festivities of 1605, and that Lope is linked with Micaela de Luján by documentary evidence in Toledo in August of that year. He suggests that it was in the context of Toledo that Lope conceived his play, and that, bearing in mind the evidence adduced by Morley and Bruerton, it can be argued that the play was written between 1605 and 1610, the date by which Lope had returned to Madrid.[6]

No clear picture therefore emerges from these various studies, despite the patient labours of the scholars concerned, and the ingenuity of some of the arguments put forward. Without further documentary evidence, it is not possible to come to a satisfactory conclusion concerning the date of the play. The most reasonable conjecture, given the evidence available, appears to be Morley and Bruerton's revised date of *circa* 1605-1608. Such a date necessarily puts out of court the arguments by which Salomon endeavoured to link the play with Rodrigo Calderón; to consider the work as a poetic reconstruction of Lope's experiences in Toledo rather than as —even if only in part— a veiled attack on a still powerful favourite perhaps comes nearer to the dramatist's original intention.

Information concerning the performances of Golden Age *comedias* during the first half of the seventeenth century is scanty; more is available for the second half of that century, and for the eighteenth, but much remains unpublished in archives. To judge

---

[6] Charles P. WAGNER, *HR*, XV (1947), 72-83; Zamora Vicente, x-xiii. For the documentary evidence relating to Lope de Vega and Gaspar de Porres in Toledo, see Francisco de B. SAN ROMÁN, *Lope de Vega, los cómicos toledanos y el poeta sastre* (Madrid: Góngora, 1935), 106-7, 114-18.

INTRODUCTION 13

by what evidence is now available, *Peribáñez* did not enjoy a lasting success on the boards. There is a reference to the play in an *entremés* of Quiñones de Benavente,[7] and the existence of a burlesque version, the *comedia de chanza* entitled *El comendador de Ocaña*,[8] further attests to its popularity in the early part of the seventeenth century. There also exists in the Holland House collection the manuscript of a version of the Lope play with the original title (see below, p. 52), but which differs considerably in text. The play was also rehandled by an unknown author; this *refundición* is usually referred to as *La mujer de Peribáñez*.[9]

On 19 October 1684 the company of Manuel Vallejo performed *Peribáñez* in a royal palace[10] and the troupe of Agustín Manuel gave a performance in Madrid of a play with the same title in the Corral de la Cruz on 23 January 1689.[11] *Peribáñez* appears also in the repertoire of the company of Manuel Angel and Fabiana Laura in Valladolid in 1691, where it was performed on 20 December.[12] The company of Carlos Vallejo gave two performances, on 3 and 4 December 1695, in the Corral del Príncipe of Madrid.[13] *Pedro Ibáñez*, given on 7 January 1704 in Valladolid by the troupe of Francisco Londoño, may well be a further reference to *Peribáñez*.[14] There is a record of the performance of the *refundición* in Lima, on 17 November 1665, where the title appears as *La mujer de Per-Ibáñez o el Comendador de Ocaña y Labrador más honrado* and the work is attributed to *tres ingenios;* the title also appears in verses recited before the *academia* of the Viceroy, the Marqués de Castell dos Ríus, at the beginning of the eighteenth century.[15]

---

[7] *Entremés de los Condes fingidos,* in *Colección de entremeses, loas, bailes, jácaras y mojigangas desde fines del siglo XVI a mediados del XVIII,* ed. E. Cotarelo y Mori, NBAE XVIII (Madrid: Bailly-Bailliére, 1911), 776 b. Marianilla is informed that the Conde del Cortijo is paying attentions to her, and replies: 'Será algún labrador: di que pretenda / a la mujer de Peribáñez luego. / ... Porque ella admite allá en la villa / la tosca capa, y más si es la pardilla.'

[8] M. ARTIGAS, 'Comedia nueva en chanza. *El Comendador de Ocaña',* *Boletín de la Biblioteca Menéndez y Pelayo,* VIII (1926), 59-83.

[9] Attributed, in all probability incorrectly, to Juan Pérez de Montalbán; Menéndez y Pelayo, Ac. X, pp. lxxii-lxxv.

[10] Archivo de Palacio, Espectáculos públicos y privados, leg. 666.

[11] Archivo Municipal de Madrid, leg. 2-456-7.

[12] Narciso ALONSO CORTÉS, *El teatro en Valladolid* (Madrid: Tip. de la Revista de Archivos, 1923), 307.

[13] A.M.M., 2-456-13.

[14] ALONSO CORTÉS, 332.

[15] Guillermo LOHMANN VILLENA, *El arte dramático en Lima durante*

The *refundición* was thus in the repertoire of a company by 1665, and, bearing in mind the significant fact that no *sueltas* are known of the Lope play, it is therefore possible to conjecture that Lope's version may have dropped out of the repertoire in the second half of the seventeenth century, being replaced in popularity by the anonymous *refundición*.

SOURCES

Noël Salomon has pointed to Lope's own play, *San Isidro labrador de Madrid,* as the immediate source of the popular *copla* (11. 1925-8). He dates the play as before 13 September 1598, and believes that the *copla* itself must date from the end of the sixteenth century.[16] In *San Isidro* a character sings the following verses:

> Más precio yo a Peribáñez,
> con la su capa pardilla,
> que no a vos, Comendador,
> con la vuesa guarnecida.[17]

Whilst no such direct source can be indicated, Aubrun and Montesinos point to the similarity of the refrain of the wedding song, 'para en uno son' (11. 142-5, 162-5) to other songs in Tirso de Molina's *La santa Juana* and Lope's *Fuenteovejuna.*[18] Evidently the refrain was common in wedding songs, and the *trébol* of 11. 1460-77 similarly reflects popular songs of the period.[19] Lope

el virreinato, Publicaciones de la Escuela de Estudios Hispano-Americanos de la Universidad de Sevilla, XII, Serie 2.ª, Monografías, 3 (Madrid: Estades, 1945), 258, 327.

16 SALOMON, *BH,* LXIV *bis* (1962), 616. For his views on the date of *San Isidro,* see 'Sur la date de *San Isidro labrador de Madrid, comedia* de Lope de Vega', *BH,* LXIII (1961), 5-27.

17 Ac. IV, 570 a.

18 'La zagala y el garzón / para en uno son'; TIRSO DE MOLINA, *La santa Juana,* 1.ª parte, in *Obras dramáticas completas,* ed. Blanca de los Ríos (Madrid: Aguilar, 1946), I, 643 a. 'Ea, tañed y cantad, / pues que para en uno son'; LOPE DE VEGA, *Fuenteovejuna,* Ac. X, 549 b. See Aubrun and Montesinos, p. xx and note 1.

19 Aubrun and Montesinos, p. xx and note 2, refer to similar songs in Lope's *El capellán de la Virgen,* Ac. IV, 495 b, Tirso's *La villana de la Sagra, Obras dramáticas completas* (Madrid: Aguilar, 1952), II, 113, and Tirso's *La santa Juana,* 2.ª parte, *Obras dramáticas completas* (Madrid: Aguilar, 1946), I, 705 b-706 a. See also End-Note to l. 1460.

is dipping into the well of popular verse in order to achieve an authentic atmosphere.

Peribáñez, unlike *Fuenteovejuna* or *El mejor alcalde, el rey*, is not based directly on a chronicle source. However, Menéndez Pelayo pointed out that the opening *cuadro* of Act III derives directly from the *Crónica de Don Juan II*. The list of lords and prelates summoned to Toledo in 1406 by Enrique III (11. 2122-64) is a versification of part of the opening chapter of the chronicle:

> E los Perlados e Caballeros e Procuradores que ende se hallaron, son los siguientes: Don Juan, Obispo de Sigüenza, que entonces sede vacante gobernaba el Arzobispado de Toledo, después del fallescimiento del Reverendísimo Arzobispo Don Pedro Tenorio; e Don Sancho de Rojas, Obispo de Palencia, que después fue Azobispo de Toledo; e Don Pablo, Obispo de Cartagena, que después fue Obispo de Burgos; e Don Fadrique, Conde de Trastámara, que después fue Duque de Arjona; e Don Enrique Manuel, primos del Rey; e Don Ruy López Dávalos, Condestable de Castilla; e Juan de Velasco, Camarero mayor del Rey; e Diego López Destúñiga, Justicia mayor de Castilla; e Gómez Manrique, Adelantado mayor de Castilla; e los Doctores Pero Sánchez del Castillo, e Juan Rodríguez de Salamanca, e Periáñez, Oidores del Audiencia del Rey e del su Consejo...[20]

Even the name of Periáñez, which so startles the Comendador, occurs in the source, but has been skilfully used by Lope to suggest the Comendador's feeling of guilt: 'que la sangre se me yela / con ese nombre' (11. 2166-7).

In 1950, Bruerton suggested that an earlier play of Lope de Vega, *La quinta de Florencia*,[21] might well be a source for *Peribáñez*.[22] The play tells of the love of César, secretary of the Duque Alejandro, for a miller's daughter, Laura. She spurns his attentions, he abducts the girl and attempts to marry her off to his majordomo. At the end of the play, the Duque orders that César should marry Laura, on pain of death. Bruerton believes that the source of *La quinta de Florencia* is *novella* XV of *parte* II of the stories of Matteo Bandello, and argues that this prose tale gave Lope suf-

[20] BAE, LXVIII, 259. See also Ac. X, pp. lxi-lxii and note.
[21] Published for the first time in Lope's *Parte II* (Madrid, 1609); listed in the first *Peregrino* list (1603) under the title of *El primer Médicis;* and dated by Morley and Bruerton (p. 151; Spanish translation, p. 255) as written between 1598-1603, probably *circa* 1600.
[22] Courtney BRUERTON, '*La quinta de Florencia*, fuente de *Peribáñez*', *NRFH*, IV (1950), 25-39.

ficient material with which to construct *Peribáñez* without recourse to a popular ballad. It is true that *La quinta de Florencia* incorporates situations and speeches which recall the later play but, as Bruerton himself demonstrates, parallels can also be seen in episodes and speeches in *Fuenteovejuna* and *El mejor alcalde, el rey.* Indeed, similar episodes can be found in the plays of other dramatists of the period. Whilst the evidence linking *La quinta de Florencia* with this particular *novella* is convincing enough,[23] the similarities between certain episodes of *La quinta de Florencia* and *Peribáñez* are too general and vague to justify a belief that the earlier play is the specific source of the later. Bandello's tale may well have given Lope the general outline of a plot and particular situations which he utilised in various plays, but these are so common in the *comedia* as to be best regarded as stock motifs. Despite Bruerton's arguments, the *copla* does provide an essential element in the structure of *Peribáñez,* the comparison between the rough garments of the countryman and the embroidered cloak of the noble lord which, as we shall see, is given considerable importance by the dramatist and is essential to the visual impact of the play.

STRUCTURE AND THEMES

The play opens with a village wedding. The union between Peribáñez, the prosperous farmer, and Casilda, his young wife, is witnessed by their friends and neighbours, sanctioned by human law and blessed by the Church (9-10).[24] In his first long speech the newly-married husband compares his bride to the good things of country life: an olive-grove laden with fruit, the flower-filled fields of May, the ruddy-cheeked apple, golden oil, a forty-year-old wine (46-60). Peribáñez continues with a series of comparisons which link his marriage with the changing seasons, and thus make it a part of the natural cycle of life (61-70). He has found in his love that contentment and peace of mind which is natural to one who lives in direct communion with Nature and

[23]　Charles H. LEIGHTON, 'La fuente de *La quinta de Florencia*', *NRFH,* X (1956), 1-12, argues that the play is based on the Spanish translation of Belleforest's version of Bandello.

[24]　For a study of this scene in relation to the rest of the play, see the seminal study of Edward M. WILSON, 'Images et structures dans *Peribáñez*', *BH,* LI (1949), 125-59; and J. T. BOORMAN, '*Divina Ley* and *Derecho Humano* in *Peribáñez*', *BCom,* XIII, 2 (1960), 12-14.

whose life, through this association, is attuned to the divine purpose (71-80). Casilda replies in a speech in which she compares her love for her husband to those things which she finds most satisfying in country life: the dance, the tambourine, Midsummer's morn, the banners of a Church procession, new shoes and brave bulls (89-120). The wedding-guests dance whilst musicians sing of the joyful fields of May, green alders, almond blossom and lilies. The love of the married pair, blessed by God, is in tune with the divinely-created harmony of the universe (146-61).

> Y a los nuevos desposados
> eche Dios su bendición;
> parabién les den los prados,
> pues hoy para en uno son. (162-5)

These opening speeches, then, set the love of Peribáñez and Casilda against a background of natural harmony, the cycle of the seasons, the tuneful song of the birds, the fruitfulness of the harvest fields, all part of the established harmony of creation; at the same time, the references to religion —made directly in the speeches of the priest, and indirectly through images reminiscent of the *Song of Songs*— reinforce the sacramental associations of the human love of the wedded pair.[25]

But into this harmonious scene discord intrudes. The music of song and dance is interrupted by raucous shouts off stage: a bullfight is in progress to celebrate the wedding (the bull already presaged by Casilda's metaphorical comparison, 111-12, although her bull is lying peacefully in a meadow), and the bullfight ends in disaster; the gallant young Comendador, 'mueso señor generoso' (251), 'gallardo caballero... valiente lidiador' (292-3), victor over the Moors of Granada, is brought on the stage, apparently lifeless, having been thrown from his horse.[26] Bartolo, the messenger,

---

[25] As Salomon has said, '*Peribáñez y el comendador de Ocaña* est un hymne à l'amour paysan, parfait et naturel, qui s'oppose victorieusement à l'amour courtisan, un chant à la loi des êtres divinement accordés à la loi de Dieu; dans aucune autre pièce, 'lex naturalis' et 'lex divina' ne se fondent aussi harmonieusement par la vertu de l'amour et du mariage'; *Recherches sur le thème paysan dans la 'comedia' au temps de Lope de Vega* (Bordeaux: Institut d'Etudes Ibériques et Ibéro-Américaines de l'Université de Bordeaux, 1965), 370.

[26] J. E. VAREY, 'La Campagne dans le théâtre espagnol au XVIIe siècle', in *Dramaturgie et Société*, ed. Jean Jacquot (Paris: CNRS, 1968), I, 47-76, summarises some recent critical discussion of the symbolism of the fall (esp. p. 60 and note 28). In an interesting and important article, Georges

curses the bull and unconsciously presages the end of the play (238-45). Violence has indeed entered the scene, and though it may appear at first sight to be the violence of the bull's mad onrush, the greater violence is to arise from the actions of the Comendador later in the play. But his first reactions as he regains consciousness do not necessarily suggest danger. He sees Casilda, and thinks himself in heaven (321-3). The use here of heaven as a comparison is however clearly ironic; religion forbids that the Comendador should look at Casilda with amorous eyes. Once he is recovered, the Comendador makes ready to leave, and when his lackey Luján asks him how he feels, he replies that he is conscious of a great desire which he did not have before he entered the house (378-9). Luján does not understand the double meaning, but the Comendador replies that it is of no consequence. 'Hablo de tu caída', replies Luján (381), and the Comendador as he leaves the stage answers:

> En peligro está mi vida
> por un pensamiento loco.   (382-3)

The two tender and witty speeches in which the married couple recite to each other their ABCs of love (408-43; 456-87) re-establish the harmony of the opening lines. Nevertheless, the audience has been made aware that tragedy is near at hand. The joy and happiness of the *cuadro* has been tinged with sombre undertones; the apparently secure love of Peribáñez and his bride is threatened by the Comendador's declared interest in Casilda. The straightforward, affectionate speeches of the married couple have given way to the *double entendres* of the Comendador: 11. 382-3 may seem to refer to his rashness in attacking the bull, but they can also refer to the plans which he is already nurturing for the conquest of Casilda (compare his reference to gifts in 11. 356-7). The image of death which the unconscious Comendador suggests is to become a reality.[27] The spectators first see the Comendador as an apparently lifeless figure, and in the last Act he is to be mortally wounded on stage and carried off, just as

---

GÜNTERT, 'Relección de *Peribáñez*', RFE, LIV (1971), 37-52, makes the point that the fall itself was a mischance, the result of the turning of Fortune's wheel (pp. 44-5); nevertheless, it can also be argued that it was the result of the Comendador's desire to cut a figure, the 'pensamiento loco' in one of the two interpretations of l. 383.

27   Cf. BOORMAN, *BCom*, XIII, 2 (1960), 13-14.

he was carried on in Act I. As he comes out of his swoon, he acts as though he were in a dream, and in a sense the rest of his actions up to the point of death are carried out as though he were in a dream world, a world in which desire reigns supreme and overthrows all moral values. At the end of the *cuadro* harmony may appear to have been re-established, but its foundations are no longer secure, being threatened by the passions of one man and his failure to achieve self-domination, to live up to the views others have of him and to the standards inculcated by social responsibilities and by religion.

The Comendador is to make three major attempts to win Casilda, and his actions become progressively more violent. In the second *cuadro* we see him planning to bribe his way into the favours of husband and wife. He seeks the advice of Luján, who counsels him to put Peribáñez under an obligation, and the Comendador determines to offer Peribáñez and Casilda, respectively, a pair of mules and a set of ear-rings (651-61). This stratagem finds an ironic echo in the third *cuadro,* where Peribáñez is persuaded to seek from the Comendador hangings with which to decorate the cart in which he plans to take Casilda to see the Feast of the Assumption in Toledo. Whilst the couple are watching the festivities, the Comendador arranges for a painter to sketch Casilda, with the intention of using the sketch as the basis of a full-scale portrait.[28] But Peribáñez is put on his guard when he sees the portrait in the artist's studio in the fourth *cuadro* of Act II, and by the end of that Act he has decided to present to a hermitage the hangings which the Comendador had given him, thus rejecting external symbols of status in favour of the solid virtues which he had expressed at the beginning of Act I.

Meanwhile the Comendador has set on foot, in the second *cuadro* of Act II, his second stratagem. Luján has disguised himself as a reaper and has been engaged by Peribáñez to help

---

[28] On the importance of the portrait in the play, see Mary Gaylord RANDEL, 'The Portrait and the Creation of *Peribáñez*', RF, LXXXV (1973), 145-58. On portraits in the works of Lope de Vega, see the brief studies of Myron A. PEYTON, 'The *retrato* as Motif and Device in Lope de Vega', RoN, IV (1962-3), 51-7; and E. George ERDMAN Jr., 'An Additional Note on the *retrato* Motif in Lope', RoN, V (1963-4), 183-6. For an important statement on seventeenth-century attitudes to portraiture, see Gareth Alban DAVIES, '*Pintura*: Background and Sketch of a Spanish Seventeenth-Century Court *Genre*', *Journal of the Warburg and Courtauld Institutes*, XXXVIII (1975), 288-313.

with the harvest. Knowing that Peribáñez is about to leave for Toledo, he arranges to let the Comendador into the house by night. In the third *cuadro,* as the reapers sleep, the Comendador is introduced into Peribáñez's house. But his attempt is frustrated, for Casilda has locked the door to her room, and she appears above on the balcony. The Comendador addresses her as though he were a reaper, telling her that her lord is in love with her. He is giving Casilda an opportunity to reply demurely, but yet to declare her love. She answers as though he were the reaper he pretends to be, and is thus able to pour scorn on the idea that a Comendador would fall in love with a country girl, and not with a lady of rank. The Comendador can not keep up the deception, and declares himself openly. But Casilda awakens the reapers, and outwits the Comendador. His wounded pride converts his former love into a passionate desire for revenge.

The Comendador now decides to make use of the King's command that he send troops to fight against the Moors in order to achieve his purpose of seduction. He will not himself go to the wars —a clear dereliction of duty— and, moreover, he will put Peribáñez in command of a troop of one hundred countrymen, and thus ensure that he will leave his wife. This third stratagem is revealed in the fourth *cuadro* of Act II. The third Act opens with a description of the Cortes of Toledo and a list of the nobles and prelates who are to accompany the King on his campaign, underlining the Comendador's reluctance to fight for Cross and Crown. Peribáñez enters, dressed according to his new rank, and asks the Comendador to buckle on his sword for him. The Comendador agrees and girds on the sword. In pursuing a love which goes against human and divine laws, the Comendador has committed many rash actions; by far the most imprudent is that which has placed in the hands of one who was once his vassal the means of his own death. At the end of the second *cuadro,* Leonardo makes an assignation with Inés, who is to allow the Comendador to enter Peribáñez's house that evening. In the third *cuadro* the plot is laid, and the Comendador dresses in a red cloak in preparation for the final attempt to achieve his purpose. In the fifth *cuadro* the plot is being carried out. Musicians sing a song which refers to the Comendador's fall, and hints that Casilda has proved unkind to her lord. Inés opens the door to the Comendador. In the sixth *cuadro,* finding himself repulsed by the virtuous Casilda, the Comendador resorts to force, but Peribáñez, suspecting the Comendador's purpose, has returned by stealth and is at hand to protect his wife. He attacks and kills the Comendador. Before he dies, the latter makes it clear that, in his eyes, Peribáñez has the right to kill him, and that he deserves his death.

The proud young noble of the first Act, 'la flor de España... gallardo caballero... valiente lidiador' (291-3), has thus come to an ignominious end, as Bartolo's curse in Act I presaged. Already by the end of that Act, Luján is conscious of the change in his master, noting that Casilda's beauty has turned him into a hairy savage, a comparison which may at first sight seem surprising, but which had long roots in literature and in folklore.[29] Luján has no illusions about his master's passions. The way in which Casilda spurns his advances during the balcony scene further exacerbates the Comendador, and from that moment forward he is motivated principally by a desire for revenge.

The Comendador has acted with great rashness, failed in his duty to the King and to his Order, betrayed the trust of his dependant and endeavoured to possess by force a woman who virtuously rejected his attentions. His actions are not consonant with his birth nor with his status as a member of an order of chivalry: he has shown himself to be dishonourable.

The concept of honour —one of the principal themes of the play— has been much debated, and no fully satisfactory account of its ramifications is available. Three factors can, however, be isolated which are of importance for the understanding of Lope's Peribáñez.[30] Most obviously, we see in the play honour of rank,

---

[29] The *caballero salvaje* was a literary type of the sixteenth century whose roots lay deep in the folklore of Spain, and he was often depicted as professing a ridiculous love. See H. V. LIVERMORE, 'El caballero salvaje. Ensayo de identificación de un juglar', *RFE*, XXXIV (1950), 166-83; GIL VICENTE, *Tragicomedia de Don Duardos*, ed. Dámaso Alonso (Madrid: CSIC, 1942), 172; John D. WILLIAMS, 'The Savage in Sixteenth-Century Spanish Prose Fiction', *Kentucky Foreign Language Quarterly*, III (1956), 40-6; A. D. DEYERMOND, 'El hombre salvaje en la novela sentimental', *Filología*, X (1964), 97-111; Oleh MAZUR, 'Various Folkloric Impacts upon the *salvaje* in the Spanish *comedia*', *HR*, XXXVI (1968), 207-35; Oleh MAZUR, 'Lope de Vega's Salvajes, Indios and Bárbaros', *Iberoromania*, II (1970), 260-81.

[30] On *honor* in general, see Julio CARO BAROJA, 'Honour and Shame: A historical account of several conflicts', in *Honour and Shame. The Values of Mediterranean Society*, ed. J. G. Peristiany (London: Weidenfeld and Nicolson, 1965), 79-137. On the theme of *honor* in the *comedia*, see

dependent on birth, or on the public recognition of the worth of an individual, suitably underlined by the conferment of rank by a superior: the type of honour which enables a man to say, 'I am a noble'. But the human being, whatever his rank, can display an innate nobility, a moral and religious worth, which will cause his fellows to say of him that 'he is noble'. Finally a man's reputation is dependent on his deeds and on those of his immediate family, and his willingness to defend that reputation. In its feudal origins, reputation depended largely on martial prowess and overlapped with honour of rank; in seventeenth-century plays it tends to revolve around the opinion which others have —or may have— of the individual's social and marital standing, and on the way in which his female dependants (wife, betrothed, sister, daughter) are regarded by his peers. The actions of the Comendador have displayed his failure to live up to the standards of a noble, and have shown him to be capable of base actions and to deserve the death he receives at the hands of one who was once his vassal.

A comparison of the actions and attitudes of Peribáñez with those of the Comendador underlines what has been said. In the first cuadro of Act I, Peribáñez had declared himself content with his rustic happiness: 'un villano / por la paz del alma es rey' (76-7). At the end of that cuadro, Casilda had asked Peribáñez to take her to Toledo to see the Feast of the Assumption, and in the third cuadro the preparations are under way. Peribáñez enters, and asks Casilda if the cart is ready to take them to Toledo. He shows some concern that a fellow-villager's cart, adorned with hangings and a carpet, should be more richly decorated than theirs. Casilda suggests that he borrow these trappings from some gentleman, and Inés specifically counsels him to approach the Comendador (773). Peribáñez replies that his lord had indeed shown

Gustavo CORREA, 'El doble aspecto de la honra en el teatro del siglo de oro', HR, XXVI (1958), 99-107; Cyril A. JONES, 'Honor' in Spanish Golden-Age Drama: Its relation to real life and to morals', BHS, XXXV (1958), 199-210; Cyril A. JONES, 'Spanish Honour as Historical Phenomenon, Convention and Artistic Motive', HR, XXXIII (1965), 32-9; and H. Th. OosTENDORP, 'El sentido del tema de la honra matrimonial en las tragedias de honor', Neophilologus, LIII (1969), 14-29. On aspects of this theme in Peribáñez, see Gustavo CORREA, 'El doble aspecto de la honra en Peribáñez y el Comendador de Ocaña', HR, XXVI (1958), 188-99; and Luz E. PEPE, 'El tema del honor en Peribáñez', in Lope de Vega. Estudios reunidos en conmemoración del IV.º centenario de su nacimiento, Departamento de Letras, Trabajos, Comunicaciones y Conferencias, IV (La Plata: Universidad Nacional, 1963), 154-9.

himself disposed to grant them favours, but when Casilda proposes that he borrow a hat as well, Peribáñez replies that it would not be fitting; a plumed hat might bring trouble upon him, and might lead to Casilda giving herself airs (783-5). The spectators must ask themselves if Peribáñez is being imprudent,[31] for they have already witnessed the scene in which the Comendador planned to put Peribáñez under an obligation to him. In the fourth *cuadro*, Leonardo announces Peribáñez as an old Christian (that is to say, one whose stock is not tainted by Moorish or Jewish blood), a rich man, and held in great esteem by his equals, 'porque es, aunque villano, muy honrado' (830). Peribáñez enters, clad in his normal garments and wearing a cape, and makes to kneel at his lord's feet, but the Comendador raises him and embraces him, an honour which surprises Peribáñez (842-7). The latter asks for the hangings, saying that he has no such decorations in his humble dwelling, no fine tapestries worked in gold and silk thread (865-72). It is made clear in this scene that it is his love which motivates him: 'le suplico / que... / ... como enamorado me perdone' (872-4). But Peribáñez, although motivated by love and by the desire to give his young wife all the attention he feels she deserves, is perhaps over-concerned with his standing in the eyes of his fellows. His final words in the third *cuadro* had indicated that he retains a measure of prudence: 'Porque plumas de señor / podrán darnos por favor / a ti viento y a mí peso' (783-5)[32]; nevertheless, the audience must see this action as containing an element of rashness.

The second Act opens in Ocaña with the deliberations of the members of the guild to which Peribáñez belongs about the image of their patron, San Roque, sadly in need of refurbishing. Peribáñez's offer to take the image to Toledo to be repaired means that he will be leaving his fields at harvest-time, and that Casilda will be left alone without protection (1195-9). This may again seem an unwise decision but, on the other hand, Peribáñez is undertaking an act of piety. If there was an element of rashness in his desire

---

[31] Alison TURNER, 'The Dramatic Function of Imagery and Symbolism in *Peribáñez* and *El caballero de Olmedo*', *Symposium*, XX (1966), 174-86, suggests that Peribáñez's concern for the decoration of the *carro* makes it into a symbol of pride, a Phaeton's chariot which is paralleled by the imagery employed later in the play by the Comendador when comparing Luján, who has suceeded in entering Casilda's room in disguise, to a 'Faetón español' (1326-31). However, Peribáñez's rashness is tempered with prudence.

[32] Feathers are often employed in the *comedia* as a symbol of vanity.

to see his cart well-decorated and his request to the Comendador
for the hangings, this charge can not be laid against his decision
to go to Toledo for the second time. His decision has, indeed,
two consequences: if it enables the Comendador to set in motion
his second stratagem, it also results in Peribáñez's visit to the
studio of the painter who, by a not unlikely coincidence, is the
same artist who had been engaged by the Comendador to portray
Casilda. In the fourth *cuadro* of the Act, Peribáñez recognises
the portrait but, as coolly as any gentleman in a secret vengeance
play, he does not allow either the painter or his friend Antón to
know that he has recognised the subject. An aside, however,
leaves no room for doubt (1683) and Antón, too, is sure that
Peribáñez knows the truth (1690-3). The discretion of both Antón
and Peribáñez in this scene contrasts with the imprudent action
of the Comendador in deciding to have the portrait painted. By
skilful questioning, Peribáñez discovers that the painting was com-
missioned by the Comendador de Ocaña, and that the subject was
unaware that her portrait was being painted (1717-21). In a
soliloquy, however, he realises that, even if his wife were not
privy to the execution of the painting, his reputation is still in
danger. The Comendador is his lord, he is under his protection,
and the Comendador should not take advantage of his position to
deceive his vassal. Although a vassal should never lift his hand
against his leige lord,

> si en quitarme el honor piensa,
> quitaréle yo la vida,
> que la ofensa acometida
> ya tiene fuerza de ofensa.   (1752-5)

Whilst he was perhaps foolish to marry a beautiful wife, he consoles
himself with the thought that she is also virtuous. In the sixth
cuadro, Peribáñez is nearing home and, his reputation in danger,
he feels no joy when he contemplates his harvest fields (1887-96);
the harmony of his life is in peril. He hears the reapers singing
the tale of the Comendador's love, and of Casilda's virtuous response (1917-28). The song gives him courage, and he thanks
Heaven for having given him a good wife, but at the same time
notes that 'honor que anda en canciones / tiene dudosa opinión'
(1942-3). In the final *cuadro* of the Act, Peribáñez arrives home
and tests Casilda's loyalty. First, he tells her that he has brought
no trinkets for her, but she shows no interest. Then he mentions

that he has had an accident on the way, and she is very perturbed. Finally he announces that he has sworn to take down the Comendador's hangings and place them in a hermitage, and to this Casilda readily agrees. Three times in the speech he mentions paintings —'imágenes pintadas' (2057), 'pinturas sagradas' (2063), 'retratos' (2064)— and says that 'uno vi yo, que quisiera...' (2066), leaving the sentence hanging in the air. Recent commentators have correctly pointed out that the emphasis on the portrait here is a counterpart to the image of San Roque —a secular portrait painted for illicit purposes against a religious image— but have failed to note the psychological acuity with which Peribáñez is testing his wife's fidelity.[33] She shows no signs of remorse, and the painter's statement that she knew nothing of the execution of the portrait is thus corroborated. Peribáñez recognises Luján as the reaper he had engaged the day before, and speaks to him in *double entendre,* a sign not only of his awakening suspicions but also of the sharpening of his wits (2076-80). In making the decision to present the hangings of the Comendador to the hermitage, Peribáñez is evidently rejecting external signs of status in favour of the solid virtues which he had expressed in the opening scene of Act I. Plumed escutcheons are out of place beside ploughs, hoes and other rustic implements, and it would be better if his walls were decorated with sheaves of corn, poppies, sprigs of olive and of broom. He has shown himself to be basically prudent, not only in this respect, but also in the way in which he does not act on impulse.[34]

Casilda, in agreeing with her husband, is also showing a greater degree of prudence. The light-hearted young woman of the wedding scene expresses her love, among other ways, in terms

[33] See, for example, RANDEL, *RF,* LXXXV (1973), 151-8.

[34] At the end of the play, Peribáñez says that he took down the hangings 'que al toro / pudieran servir de capa' (3062-3), thus linking the symbol of the hangings with that of the bull, which has clearly come to stand for the Comendador. This is Peribáñez's reason for returning the hangings on the plot level; in thematic terms, he rejects them as incompatible with his status: 'de las paredes bajas / quité las armas' (3061-2). It is thus not possible to agree with R. O. JONES, 'Poets and Peasants', in *Homenaje a William L. Fichter. Estudios sobre el teatro antiguo hispánico y otros ensayos,* ed. A. D. Kossoff and J. Amor y Vázquez (Madrid: Castalia, 1971), 341-55, that 'Lope contrives... to convey to his audience Peribáñez's immunity to ambition and thoughts above his station' (p. 354). Peribáñez himself in the last *cuadro* of Act II recognises a temporary weakness on his own part.

of clothes.   In the third *cuadro* she discusses with Inés the clothes she is to wear in Toledo.   She spurs Peribáñez on to seek finer decorations for the cart.   In Toledo itself, she is impressed by the outward display of the Court, and is surprised to see that Kings and Queens are flesh and blood; she had thought them to be 'de damasco o terciopelo' (989).   But when her husband realises that outward symbols of wealth are to be despised, she is willing to agree with him.   In the balcony scene she shows great resource in the way in which she deals with the Comendador.   She stands up to him in the third Act —'Mujer soy de un capitán, / si vos sois comendador' (2838-9)— and does not shrink at the shedding of blood.   When her cousin Inés seeks her protection, she replies, almost coldly, 'No hay sangre donde hay honor' (2895).   'Muy justo ha sido el castigo' (2897), she comments, and she fearlessly accompanies Peribáñez to seek justice from the King.   She has undoubtedly been tempered by her experiences, and she shows herself in the end to be the equal of her husband.   Antón also shows prudence in the way in which he does not disclose immediately that he has recognised the portrait as being that of Casilda, and in the scene in which he admits Peribáñez to his house in Act III.   The two reapers who awaken and recognise the Comendador show similar circumspection when they do not disclose his identity: Peribáñez's reputation is at risk (1502-3), but it may be that Casilda is privy to the scheme of the Comendador (1508-9).   'Esto es casar con mujer / hermosa', says one of them (1515-16).   Inés, however, is only superficially prudent when she first repulses Leonardo modestly but, when told of his love on the open road —with no witnesses— shows herself less unkind. She allows Leonardo to beguile her under promise of marriage (1224-31), and in the third Act she betrays her cousin and thus deserves her death at the hands of Peribáñez 'por traidora' (2893).[35] Luján, too, is imprudent in the way in which he lends himself to the Comendador's plans, and he too deserves his death for his attempt to deceive Peribáñez and to bring about his wife's dishonour (2892).   All these characters, then, in the ways in which they show

---

[35] On the role of Inés, see Thomas E. CASE, 'El papel de Inés en *Peribáñez*', *Duquesne Hispanic Review*, X (1971), 1-9; and, by the same author, an article of the same title and content in *RF*, LXXXIV (1972), 546-52.

degrees of rashness and prudence, serve to highlight the actions of the principal characters.[36]

The contrast between the Comendador's rashness and Peribáñez's fundamental prudence it thus clearly established. Furthermore, the countryman has shown a concern for his reputation, whilst the Comendador, in order to enjoy possession of Casilda, has demonstrated his willingness, not only to throw discretion to the winds, but to act in a manner unbefitting his station. In this way Lope has introduced a second major theme: the relationship of the individual to his status in society, and the relationship of the various classes within that society.

A significant number of Spanish plays of the Golden Age present a picture of rural life and, in particular, of the relationship of the social classes, which has in recent years been the subject of much critical attention. In such plays, the king usually appears as the fount of earthly justice. The nobles are seen as owing allegiance to their king and, in their turn, as being under an obligation to deal justly with their vassals. The countryfolk owe duties of allegiance to both their lord and to the king. This secular hierarchy has its religious counterpart. The king is God's vice-regent, and all classes of society should pay due respect to religion and fight, when the necessity arises, for both Cross and Crown.

The structure of this society is therefore basically of feudal origin, and it neglects, or deliberately ignores, many aspects of the actual society of the day. The nobility of Spain was by no means a monolithic structure, as the plays might suggest. The great noble families of the sixteenth century, the *grandes* and the *títulos,* looked down on the newer *hidalgos* and *caballeros,* many of whom had acquired their rank by procurement or conferment. Furthermore, cutting across the social classes is the importance given in the seventeenth century to *limpieza de sangre.* The relationship of social and economic realities to the dramatic world of the rural

[36] On the significance of the term 'discreción' in the seventeenth century, see Margaret J. BATES, *'Discreción' in the Works of Cervantes: A semantic study* (Washington, D.C.: Catholic Univ. of America Press, 1945); and A. A. PARKER, 'The Meaning of *discreción* in *No hay más fortuna que Dios:* The medieval background and sixteenth- and seventeenth-century usage', in Pedro CALDERÓN DE LA BARCA, *No hay más fortuna que Dios,* ed. A. A. Parker, 2nd. ed. (Manchester: Univ. Press, 1962), 77-92. An understanding of this term is clearly of the utmost significance for an appreciation of Lope's play.

plays is therefore highly complex. Golden-Age plays are literary
conceptualizations, and not socio-economic documents. And in
their attitude to the failings of contemporary society, they tend to
be conservative rather than revolutionary, reflecting the values of
society and not its sordid realities.[37] It may seem surprising, therefore, that Lope de Vega puts on stage the killing of a lord by his
vassal. The question of Peribáñez's status is thus a matter of
crucial importance for the interpretation of the play.

The change in Peribáñez's status stems from the Comendador's
decision, in the fifth *cuadro* of Act II, to place Peribáñez in command of the hundred countrymen, in response to the King's demand
that the Comendador should send troops against the Moors. The
respect which his fellows have for Peribáñez will thus contribute
to his losing his honour. We have already seen that the Comendador, despite the vows of his Order, plans to stay at home and,
rather than fight for his King and his religion, to set about the
seduction of his vassal's wife. Love is the only warfare he
recognises (1811). He curses the time when he first met Casilda,
the occasion of his fall (1823), but he is too weak to conquer his
desire. 'Más fuerte era Troya', says Leonardo, and Troy fell (1826),
an echo of a similar line in *La Celestina,* and Leonardo is indeed
playing the pander to his master.

In the first *cuadro* of Act III, Leonardo brings news of the
nobles and prelates who have assembled in Toledo at the King's
behest. As he lists their names, he mentions a certain Perïáñez (2164). The Comendador starts, and thus reveals his consciousness of guilt, a contrast with the way in which Casilda had
remained unmoved in the previous scene at Peribáñez's mention of
portraits. The Comendador almost immediately reveals the cause
of this feeling of guilt; he has seen Peribáñez and, under the

---

[37] For the historical background, see John LYNCH, *Spain under the
Habsburgs,* vol. II (Oxford: Basil Blackwell, 1969); Antonio DOMÍNGUEZ
ORTIZ, *The Golden Age of Spain. 1516-1659,* trans. James Casey (London:
Weidenfeld and Nicolson, 1971); and José Antonio MARAVALL, *Estado mo-
derno y mentalidad social (Siglos XV a XVIII),* 2 vols. (Madrid: Revista
de Occidente, 1972). On *limpieza de sangre,* see Albert A. SICROFF, *Les
Controverses des statuts de 'pureté de sang' en Espagne du XVe au XVIIe
siècle* (Paris: Didier, 1960); Américo CASTRO, *De la edad conflictiva* (Madrid: Taurus, 1961); and A. A. VAN BEYSTERVELDT, *Répercussions du souci
de la pureté de sang sur la conception de l'honneur dans la 'comedia nueva'
espagnole* (Leyden: Brill, 1966).

guise of honouring him, has given him command of the hundred
countrymen:

> Parecióle que le honraba,
> como es verdad, a no ser
> honra aforrada en infamia.   (2191-3)

Peribáñez has bought himself fine clothes worthy of his new
command, and is ready to march to Toledo. The condescending
way in which they refer to Peribáñez's new clothes prepares the
ground for the entry of a group of countrymen, armed in a rustic
fashion, and Peribáñez armed with sword and dagger and wearing
his new clothes. He has come to bid the Comendador farewell,
and to thank him for his command. Never did he think to find
his cloak and his hoe exchanged for the rank and accoutrements
of a captain, he tells his lord (2222-6). He asks the Comendador
if he approves of the way in which he is clad, and the latter replies
that he sees no difference between them (2233). He further re-
quests the Comendador to gird on his sword for him, as a mark
of his new rank. The Comendador replies 'Haréos caballero'
(2239), and the peasants gather round to witness the ceremony.
As they speak, the Comendador girds the sword round Peribáñez's
waist and orders him to swear that he will employ it in the service
of his King and his God. Peribáñez swears to do so, and adds
that he will also use it in the defence of his honour (2260-1). He
deliberately addresses the Comendador, telling him, as he leaves
his house and his wife at the Comendador's behest, that he leaves
both in his care and protection:

> Vos me ceñistes espada,
> con que ya entiendo de honor,
> que antes yo pienso, señor,
> que entendiera poco o nada.
>   Y pues iguales los dos
> con este honor me dejáis,
> mirad cómo le guardáis,
> o quejaréme de vos.   (2282-9)

In reply, the Comendador virtually gives Peribáñez permission to
take the revenge which he eventually carries out:

> Yo os doy licencia, si hiciere
> en guardalle deslealtad,
> que de mí os quejéis.   (2290-2)

Peribáñez leaves the stage with his followers, marching off arrogantly. His words have confused and troubled the Comendador, for he realises that Peribáñez probably suspects his intentions. But he makes one mistake that proves fatal: '¿dónde ha de haber contra mí / en un villano poder?' (2304-5), he asks.

The audience must recognise the ambiguity of this grant of honour. The Comendador was authorised to grant membership of his Order to a worthy candidate and, as we discover later, in so doing he is carrying out the King's command (3066-9). The ceremony is telescoped, as the limitations of the dramatic form required, but in essentials it follows the pattern laid down in the regulations of the religious Orders.[38] However, the Comendador has carried out the ceremony with mental reservations, and so the spectators must wonder how genuine was the grant, if the act of conferment was insincere. As the Mayor says in Lope's *Fuenteovejuna:* 'No es posible que den / honra los que no la tienen.'[39] The Comendador does not believe, as ll. 2304-5 demonstrate, that the ceremony has indeed conferred rank on Peribáñez. It is for him a device to secure the seduction of Casilda: that is to say, far from conferring honour on Peribáñez, the real purpose of the ceremony, in the Comendador's eyes, is to deprive Peribáñez of his reputation. Nevertheless, the ceremony has been carried out, and the grant of honour made, even if its validity be ambiguous. As we shall see, the deceiver has only succeeded in deceiving himself.

The stage directions of the first *cuadro* of Act III imply that the peasants are armed in a rustic and amusing fashion. The same blend of comedy and serious purpose is evident in the second *cuadro.* Casilda appears on the balcony (now representing an outside balcony or window) and bids farewell to Peribáñez, who appears on the open stage at the head of his men, with kettle-drum and flag. Husband and wife speak to each other in formal language, using the second person plural. A gay note is struck in their opening exchange, but the tone soon changes and Peribáñez

---

[38] On the ceremony laid down for the Order of Calatrava, see Lic. Fr. Francisco de RADES Y ANDRADA, *Catalogo de las obligaciones que los comendadores, cavalleros, priores y otros religiosos de la Orden, y Cavalleria de Calatrava tienen en razon de su Avito, y Profession, con declaracion de como obligan en el fuero de la consciencia algunas de ellas: y la forma de rezar, que han de guardar los legos* (Toledo: Juan de Ayala, 1571).

[39] Ac. X, 542 a.

speaks in a much more complicated and tortuous manner than formerly. He is clearly a changed man. As another Comendador says in *Fuenteovejuna*, the very act of being made a member of an Order of chivalry suffices to teach courtesy immediately.[40] He tells Casilda that he leaves her in her own charge (2386-9), not mentioning that he has told the Comendador that he leaves his wife in the safe-keeping of her lord. And the tone of the speech varies: '¿No parece que ya os hablo / a lo grave y caballero?' (2394-5). He who yesterday broke up the stubble, trod the grapes and put his hand to the plough, now speaks the language of a soldier, wears presumptuous plumes in his hat and carries a sword by his side (2396-407). He is now an *hidalgo*, he says, having been so dubbed by the Comendador. His speech is, however, double-edged, as Casilda realises. Just as she had been unable to comprehend the words of the Comendador in Act I, so now she finds Peribáñez's utterances sybilline. The total effect of this scene can scarcely be said to be comic, as some commentators have alleged.[41] It is rather sinister, a superficially gay scene tinged with forebodings of dangers to come, dangers which will befall not on the field of battle (as might well have been in the minds of the characters), but in the home the soldier leaves behind him. Casilda gives him as a favour a black ribbon, at first sight an unlucky omen. 'Promete luto o destierro' (2427), says Peribáñez, which is tantamount to saying that either the Comendador will kill him, or he will kill the Comendador and be exiled.

Peribáñez, suspecting the Comendador's intentions, returns home, and the fourth *cuadro* of Act III is a short bridge passage in which we find him soliloquising as he makes his way back to Ocaña, dilating on the fragility of honour, as weak as the reed which he holds in his hand (2622-41). In the fifth *cuadro* Peribáñez has climbed into his own garden and passed through the hen-house, where he had noted how the red-combed cock slept soundly surrounded by twenty or thirty hens, whilst he is kept in suspense by the need to guard one wife against the cockerel who wears a crest on his bosom, an allusion to the red cross of Santiago

---

[40] 'La obligación de la espada / que le ciñó el mismo día / que la Cruz de Calatrava / le cubrió el pecho, bastaba / para aprender cortesía'; Ac. X, 531 b.

[41] R. O. JONES, for instance, in *Homenaje a William L. Fichter,* suggests that 'doubtless an actor should make broad comedy of much of this scene' (pp. 354-5).

(2773-4). The whole of this scene underlines the quiet tenor of Peribáñez's previous existence, although even in the farm-yard the lusty cockerel is a menace to tranquility. But the Comendador, by making Peribáñez a captain, has called him from this life, giving him cause for jealousy and anxiety, and a remedy for both. Peribáñez hides and overhears the exchange in which Casilda roundly rejects the Comendador, saying that she is the wife of a captain if he is a Comendador (2838-9). In an aside Peribáñez shows that he is finally convinced of his wife's innocence, and in a further aside reveals the whole ambiguity of his situation. Apostrophising honour, he asks what detains him, and his next words indicate his consciousness of the falsity of the situation:

> ¡Ay honra! ¿Qué aguardo aquí?
> Mas soy pobre labrador...
> bien será llegar y hablalle...   (2843-5)

But his concern for his reputation gets the upper hand, and he continues: 'pero mejor es matalle' (2846). He comes out of hiding, sword in hand, and attacks the Comendador, crying:

> Perdonad, Comendador,
> que la honra es encomienda
> de mayor autoridad.   (2847-9)

Peribáñez is torn between loyalty to his superior (whether he believes himself to be a noble or not is not relevant to this particular consideration) and loyalty to his sense of honour. He is faced with a choice between two goods and, like other *comedia* characters in similar situations, he chooses that which he considers to be the higher of the two goods. Nevertheless, we can see that at this crucial moment he is conscious of the falsity of his status. When Leonardo expresses his intention of seeking out and killing Peribáñez as a vassal who has attacked his lord (2877-9), the wounded Comendador's reply shows that in his eyes Peribáñez enjoys nobility, and is no longer a mere rustic. He pardons Peribáñez for having been the instrument of the death that he now acknowledges he has deserved (2872-6). Peribáñez has employed his gilded sword to good advantage (2879-83).

In the sixth and final *cuadro,* we find ourselves at the King's court. The King's banner is introduced, and clearly symbolises his intention to act justly, incorporating as it does the arms of Castile and, on the reverse, Christ on the Cross. The news arrives that the Comendador of Ocaña has been killed by a countryman out of jealousy. The King promises swift punishment, and sets a price on the head of the miscreant. He is enraged that country-men who wield the hoe should have put themselves on an equal footing with those who wear the cross of the Order of Santia-go (2999-3001). At this point, Peribáñez is announced. He arrives with Casilda, and is clad no longer as a captain, but as a countryman with his long cloak of drab cloth. When he announces his name, the King bids the guards kill him, and he is only saved by the Queen's reluctance to see blood spilt in her presence. The moment's grace allows Peribáñez to appeal to the King's sense of justice; the episode thus demonstrates that the judgment even of Enrique *el Jus-ticiero* can be overcome by passion, and an act of injustice is only avoided as a result of the Queen's compassion. Nevertheless, the King recovers himself and says that he must hear Peribáñez's defence against the accusation, particularly since he is one of his more humble vassals (3029-31). Peribáñez stresses the purity of his blood and the virtue of his wife. The Comendador's love for Ca-silda was a youthful folly. He recounts what has passed and tells how he entered his home to find his wife dishevelled, in the Comendador's arms like a lamb in the embrace of a wolf (3084-5). Finding a high price set on his head, he has surrendered himself so that his wife may profit by the bounty. This speech touches the Queen, and the King is amazed: '¡Que un labrador tan hu-milde / estime tanto su fama!' (3106-7). He first pardons Peri-báñez as an act of grace (3109-10), but then corrects himself and says that justice demands that Peribáñez be pardoned, that he should again command the company of countrymen, and, moreover, that the bounty should be given to Casilda so that the King may keep his word. Finally, he gives Peribáñez permission to wear arms 'defensivas y ofensivas' (3119-22). The grant of nobility is therefore finally made by the King, correctly, properly and whole-heartedly; there can be no further doubt about Peribáñez's status.

It is, of course, of the highest significance that the King should have been instrumental in deciding the issue of Peribáñez's status. The King's judgment demonstrates that the grant of honour may well be considered spurious, since the Comendador clearly had no real intention of honouring his vassal by bestowing status on him; indeed, his intention was to bring dishonour upon him by seducing his wife. But Peribáñez has reacted admirably to this difficult situation, and shown himself worthy of the grant of honour, and this is finally recognised by the King when he has allowed himself to hear the evidence. Furthermore, the attitude of his fellows to Peribáñez before the grant of honour, and their ready acceptance of his elevation in rank, demonstrate that he was indeed a worthy recipient of such an honour. The intention of the play is not revolutionary; it serves rather to reinforce the accepted social order. By setting the seal of his approval on Peribáñez's actions, the King's judgment preserves intact the fabric of society.[42]

A third theme has already been touched on in the opening paragraphs of this section: the 'menosprecio de corte y alabanza de aldea'. The way in which the countryside is presented is the subject of the following section of this Introduction, but it is pertinent here to consider how this theme, although largely literary in origin, was intertwined in the seventeenth-century world-picture with the concept of the structure of society. As has already been said, the importance given to *limpieza de sangre* in seventeenth-century Spain is a complicating factor which is in part related to the clash between town and country. In many parts of Spain the racial mixture was high, but the expulsion of the Jews and, later, of the *moriscos*, put a premium on purity of blood. Throughout the whole of Castile and northern Spain the countryman felt himself in this respect to be the superior of the town-dweller, for the *cristiano viejo* was to be found, or so he believed, more readily in the countryside than in an urban evironment, where blood was more likely to be tainted by racial miscegenation. Salo-

---

[42] On the social classes in the plays of Lope de Vega, see Alexey AL-MASOV, 'Fuenteovejuna y el honor villanesco en el teatro de Lope de Vega', *Cuadernos Hispanoamericanos*, 161-2 (1963), 701-55; Antonio GÓMEZ-MO-RIANA, *Derecho de resistencia y tiranicidio. Estudio de una temática en las 'comedias' de Lope de Vega* (Santiago de Compostela: Porto, 1968); Amando Carlos ISASI ANGULO, 'Carácter conservador del teatro de Lope de Vega', *NRFH*, XXII (1973), 265-79; and the three articles by Miguel HERRERO GARCÍA: 'La nobleza española y su función política en el teatro de Lope de Vega', *Escorial*, 2.ª época, XIX, 58 (1949), 509-47; 'Más sobre la nobleza española y su función política en el teatro de Lope de Vega', *Escorial*, 2.ª época, XX, 59 (1949), 13-60; and 'Más, aún, sobre la nobleza en el teatro de Lope de Vega (último ensayo)', *Escorial*, 2.ª época, XX, 64 (1949), 929-44. For studies of the reflection of this theme in *Peribáñez*, see BOORMAN, *BCom*, XII, 2 (1960), 12-14; A. A. HEATHCOTE, '*Peribáñez* and *El alcalde de Zalamea*: similarities and differences', *Vida Hispánica*, XXXV, 3 (Autumn, 1977), 21-30; Georges GÜNTERT, *RFE*, LIV (1971), 37-52; and Roberto G. SÁNCHEZ, 'El contenido irónico-teatral en el *Peribáñez* de Lope de Vega', *Clavileño*, V, 29 (1954), 17-25.

mon makes use of this belief to further his argument that the portrayal of the Comendador is a hidden attack on the racial status of Rodrigo Calderón.[43] The clearest reflection in the play is to be found, however, in the scene in Act III in which the villagers are watching the two companies of countrymen and gentlemen setting out for the wars. Costanza refers to the *hidalgos* as 'cansados', and Inés contrasts them unfavourably with 'nuestros fuertes labradores' (2452-5). Belardo refers to the gentlemen as Jews, and Blas joins with him in the belief that they will show themselves to be cowards:

> BELARDO.   Estos huirán como galgos.
> BLAS.   No habrá ciervos corredores
>   como éstos, en viendo un moro,
>   y aun basta oírlo decir.
> BELARDO.   Ya los vi a todos hüir
>   cuando corrimos el toro.[44]   (2472-7)

The attitude of the country folk to the *hidalgos* may stem in part from the belief that those who tilled the soil were more likely, by reason of their proximity to Nature and thus to God, to escape the vices and sinfulness which were traditionally associated with the town or with the Court; but in this passage it is clearly heavily tinged with the belief that *limpieza de sangre* is to be found most easily among the country folk, and with much greater difficulty among those of higher social status, whether domiciled in the country —as these *hidalgos* presumably were— or dividing their existence between their country estates and the King's court.

The themes of Golden-Age plays are presented through the opposition between characters and in terms of plot. Most plays have an intricate plot-structure, in which a sub-plot or plots play an important part. In Lope's *Fuenteovejuna*, for instance, the main plot (the repression of the villagers by the Comendador) is paralleled by the sub-plot (the rebellion against the Catholic Monarchs). *Peribáñez* is unusual, in that the historical background to the action is integrated into the main plot, as Diego Marín has sought to demonstrate.[45] It can however be argued that the first

---

[43] Salomon, *BH*, LXIV *bis* (1962), 619-23.
[44] Henri MÉRIMÉE, '*Casados* ou *cansados*. Note sur un passage de Lope de Vega', *RFE*, VI (1919), 61-3; Joseph H. SILVERMAN, 'Los *hidalgos cansados* de Lope de Vega', in *Homenaje a William L. Fichter*, 693-711.
[45] Diego MARÍN, *La intriga secundaria en el teatro de Lope de Vega*,

cuadro of the second Act sets on foot a rudimentary sub-plot. The members of the guild to which Peribáñez belongs discuss the need to refurbish the image of their patron, San Roque. When Peribáñez enters, he contrasts the magnificence of the image of Our Lady of the Sagrario, which he had seen in Toledo, with the worm-eaten statue of the image of the Saint (1090-9). The scene not only serves to underline the esteem in which Peribáñez is held by his peers, but also discloses that the inhabitants of Ocaña feel that their neglect of the statue is an affront to the high regard in which the Saint is held, not only in Ocaña, but in Toledo and in the rest of Spain. Each action of a small community, or of an individual, is thus seen to have a much wider implication than may at first sight appear (1065-9), a view which can be applied also to the individual actions of the Comendador in the play which have an impact, not only on Peribáñez, Casilda and himself, but also upon the war against the Moors and thus upon the kingdom as a whole. This short *cuadro* links in with the main plot, in that it provides the reason for Peribáñez's second visit to Toledo and his visiting the studio of a painter and thus recognising the portrait of Casilda. Furthermore, Peribáñez's journey entails leaving Casilda without protection. The best motivated actions, in this sad world, can bring unwelcome results.[46]

We may now attempt to summarise the thematic structure of the play as a whole. The first *cuadro* of Act I comprises, as we have seen, a series of events; the scene begins in a state of harmony, is temporarily dislocated by the events of the bull-fight and the Comendador's injury, and ends with the apparent re-establishment of a harmonious situation, with the tender speeches of Peribáñez and Casilda, symbolised in action by their embrace. But the seeds of discord have been sown, and the remainder of the play develops the tensions inherent in the attraction which the Comendador feels for Casilda. At the end of the play, when the King sets the seal of his authority on Peribáñez's actions, the social harmony is restored, and the play ends on a serene note.

Each of the three main themes which we have discussed demonstrates contrasting and conflicting attitudes, one tending to

Colección Studium, 22 (Toronto and Mexico City: Univ. of Toronto Press and Ediciones de Andrea, 1958), 105-6.

[46] The scene is studied by Turner, *Symposium*, XX (1966), 174-86. See also P. R. K. HALKHOREE, 'The Dramatic Use of Place in Lope de Vega's *Peribáñez'*, BCom, XXX (1978), 13-18.

harmony and the other to discord. Honourable actions contrast with dishonourable deeds: true honour is seen to depend, not merely on the reputation which derives from social status or rank, but from the inner convictions of the individual and the extent to which his actions are true to those convictions. The respect for an ordered and balanced society, in which each individual must not only demand his privileges but also remain faithful to his obligations, is contrasted with the results which flow from a disregard by the individual of his obligations and a determination to achieve purely selfish ends. The simple life of the country is contrasted with the shallower attitudes of the town. Each of these themes raises general questions concerning the place of man in society, his relationship with his fellow human beings, and the purpose of the society in which he lives. On the other hand, the equilibrium of society is shown to depend on the actions of the individual, and hence the emphasis placed in the play on the dichotomy between prudence and rashness. All human beings are prone to make hasty and ill-considered decisions, from the King down to the humble peasant. Prudence must be the watchword if the equilibrium of society is not to be threatened by the actions of the individual.

The ending of the play is fundamentally optimistic. Despite the machinations of the Comendador, Peribáñez's reputation is unstained and his worth is publicly recognised by the King. The play is one of those which Reichenberger typified as demonstrating the cycle harmony-discord-harmony.[47] The regularity with which this theme is presented on the Spanish stage of the seventeenth century derives in part from the world-picture shared by dramatist and audience; it is also a reaffirmation of what Lope and his public would like to see in society, whilst at the same time demonstrating a consciousness that the individual human being often fails to live up to the postulated ideal.

THE VIEW OF THE COUNTRY

Spain in the seventeenth century was predominantly a rural society, the peasant supporting with his labour the whole burden

---

[47] Arnold G. REICHENBERGER, 'The Uniqueness of the *comedia*', *HR*, XXVII (1959), 303-16.

of government and society, owing tribute to his immediate lord, paying tithes to the Church and taxes to the Crown. More than half of the rural population were landless labourers; roughly a quarter were peasant farmers *(labradores)* who owned or leased the land they worked. It is true that a small proportion of the *labradores* were prosperous and that some regions of Spain were more favoured than others, but the general standard of living was low. The depression of the rural areas of Castile was accentuated by plague and famine towards the end of the sixteenth century and by a sharp increase in prices caused by monetary inflation. The last years of the reign of Philip III are characterised by an acute sense of the economic crisis through which Spain was passing, and which affected not only the labourer and the small farmer, but also the lower ranks of the nobility.

The poverty of the Mediterranean world is demonstrated by Braudel: the thin layer of topsoil, at the mercy of wind and flood, the harvests threatened by the instability of the elements. Crushed by the burden of their debts, many peasant families were driven off their lands and had resort to the towns: 'There were too many people for the land which could no longer be extended, too many underpaid day-labourers, emigration to the towns and to the Indies was beginning; the villages were declining.'[48] Nobles, too, thronged to the Court, which was now the centre of power and preferment. Once established as the capital of Spain, Madrid grew rapidly in the second half of the sixteenth century and, at the time when this play was written, must have counted among its inhabitants a large number of first- or second-generation town-dwellers, and it is for this public that Lope was writing. Life in the town was no more secure than in the country; supplies of bread were sporadic, and towns and cities were often hit by famine. It may seem surprising, in view of the harsh conditions which many had left behind them, that many plays present a somewhat idyllic picture of country life, but less strange that *comedias* often include a catalogue of food, of which Casilda's description of the simple joys of country life (730-53) is an example.[49]

---

[48]   Fernand BRAUDEL, *The Mediterranean and the Mediterranean World in the Age of Philip II,* trans. Siân Reynolds (London: Collins, 1972-3), I, 242-6, 587-91.

[49]   On the realities of country life in the period, see Noël SALOMON, *La Campagne de Nouvelle Castille à la fin du XVIe siècle* (Paris: SEVPEN, 1964), and, on the reflection of this reality in the *comedia,* the same author's *Recherches sur le thème paysan:* 'Cette *comedia* —selon l'école de

At the same time, the dramatist's picture of country life has a literary origin. Pastoral literature had its antecedents in the classical bucolic authors, in particular in the eclogues of Virgil and Theocritus, and in the works of Italian authors, such as Sannazaro's *L'Arcadia* of 1502-4 and Tasso's *L'Aminta* of 1573. Peninsular poets —in particular, Garcilaso de la Vega— and novelists —Jorge de Montemayor, Gaspar Gil Polo, Miguel de Cervantes— constructed in their image a whole new literature, recreating in the modern vulgar tongue the literary glories of the past and introducing into Spain the attitudes and the outlook of the Italian Renaissance. A somewhat different note is struck by the *Menosprecio de corte y alabanza de aldea* of Antonio de Guevara, published in 1539, a didactic work which fuses the new attitude to Nature with a moral outlook contrasting the hypocrisy, lack of morals and sinfulness of the court with the sober moderation of country living. The man who wishes to know himself and to shake off the bad habits of court life, should return to the country: 'el cortesano que se va a su casa a retraer, no se ha de ocupar sino en aparejarse para morir.'[50] The bucolic and the didactic here converge.

IMAGERY

The *comedia*, in its view of country life, assimilates many of the elements of these disparate sources. The legacy of the dichotomy of town and country is evident enough. Casilda contrasts her Talavera dishes with silver plate (738-41) and Peribáñez his 'pobres sargas' with 'franceses tapices de oro y seda' and 'reposteros con doradas armas' (865-9). He would not exchange, he vows, his 'sayal grosero' for the 'encomienda mayor que el pecho cruza / de vuestra señoría' (876-8). Rejecting all social pretensions, he later affirms that 'Timbres y plumas no están bien / entre el arado y la

Lope— est un théâtre poétique, mais que sa poésie est à base de réalité. Cette *comedia* propose à la fois un reflet du réel, une négation du réel et une idéalisation du réel' (p. 914).

[50] Fr. Antonio DE GUEVARA, *Menosprecio de corte y alabanza de aldea*, ed. M. Martínez de Burgos, Clásicos Castellanos (Madrid: Espasa-Calpe, 1942), 66. On the presentation of this theme in the plays of Lope, see Elena FONTENLA, 'Menosprecio de corte y alabanza de aldea en el teatro de Lope', in *Lope de Vega. Estudios reunidos en conmemoración del IV.° centenario de su nacimiento*, Departamento de Letras, Trabajos, Comunicaciones y Conferencias, IV (La Plata: Universidad Nacional, 1963), 160-5.

pala, / bieldo, trillo y azadón' (2046-53). The King, seeing the killing of the Comendador as social rebellion, describes it in similar terms: '¡Basta que los azadones / a las cruces de Santiago / se igualan!' (2999-3001). This dichotomy finds its culmination in Casilda's speech from the balcony, in which she contrasts the fine lady, 'dama de estima', to whom the Comendador should rightly address himself, with a humble peasant in terms of clothes and ornaments, of coach or sedan chair and cart, artificial scents and natural fragrances (1570-1613). These series of images, whilst primarily contrasts of rank, have moral overtones, for Casilda's speech suggests that the fine lady is made attractive by reason of her external appearance of wealth, rather than by innate virtue, a note which had already been struck by the Comendador, when he tells Luján in the first Act that, were he courting a lady, he would have left the details to his secretary or majordomo, who would have sought rare and exquisite jewels with which to attract her (804-11). The Comendador's aristocratic attitude is further demonstrated, as Wilson has pointed out, by the images with which he describes Casilda in the first *cuadro:* she is a 'diamante en plomo engasta-do' (348), a 'piedra celestial' (364). She is to be portrayed by the painter against a background of clouds and in the company of 'cuantas flores agora / Céfiro engendra en el regazo a Flora' (532-3). When his love turns to a desire for revenge, she becomes a 'crüel sierpe de Libia' (1637).[51] He employs imagery drawn from the traditions of courtly love when he exclaims 'muerto estoy, matóme un rayo' (560), and in this instance, and when he announces his intention that Casilda shall be his that night, 'por que muera quien me mata / antes que amanezca el día' (2308-9), he is, ironically, unconsciously foretelling his own fate. The set of images which the Comendador uses are thus derived from literature, rather than arising, as with Peribáñez, from a close association with Nature.

The natural harmony is invoked in the first *cuadro* in the speech of Peribáñez (46-70) and in the wedding song (126-65), which link the love of the married couple to the cycle of Nature, spring-time and harvest, the seasons of the year. The beauty of Casilda is itself an example of God's bounty (31-3). But this natural harmony can be disturbed by man. Peribáñez's suspicions affect his view of nature (1887-96). As he enters his own house by stealth, the very beasts of burden share his disquiet (2788-95).

51 WILSON, *BH*, LI (1949), 125-59.

Discord is also suggested by the Comendador's own use of natural images. He employs the image of the harvest to express his jealousy of Peribáñez:

> ¡Venturoso el villano
> que tal agosto ha hecho
> del trigo de tu pecho,
> con atrevida mano...! (540-3)

And again: ' ¡Dichoso tú, que tienes / en la troj de tu lecho tantos bienes! ' (556-7).[52] The same image is also used by Luján when he proposes that the Comendador should place Peribáñez under an obligation to him, and thus win his way to the possession of Casilda through subverting her husband (655-61). When the Comendador regains consciousness in the first *cuadro*, he compares Casilda to an angel (323), and this comparison is in his mind when he instructs the painter (1037-40) and when he questions Luján about what he saw in Peribáñez's house (1332). But he shows no respect for Casilda. He may call her his sun (548-51, 555, 1046, 1539), but it is significant that he sees himself as a *sombra* to her *sol* (991-2, 1243). Leonardo (1206) and Luján (1327) use the same image, no doubt by association, and the Comendador calls Luján Phaeton (1330), when the latter describes how he had succeeded in attaining the presence of Casilda: he forgets that Phaeton, in his rash desire to charter the course of the sun, found only death. The Comendador's use of the sun image underlines the perversion of his natural instincts which his unbridled love has brought about.

The most expressive image of potential discord is that of the bull. Casilda compares Peribáñez to a bull —'Pareces en verde prado / toro bravo y rojo echado' (111-12)— and the villagers celebrate the vigour and liveliness of the *novillo* (168-85). But the bull which is the cause of the Comendador's fall is used symbolically to suggest his moral downfall, and its horns also foreshadow the threat which the Comendador will represent to marital honour (214-17; echoed by Peribáñez in 3062). Whilst the Comendador's fall is linked with the bull, Peribáñez's passing desire for social status is also linked with a fall, when he tells Casilda, in the process of testing her loyalty, that he had fallen on

---

[52] The image of the cornfield is penetratingly analysed by Victor DIXON, 'The Symbolism of *Peribáñez*', BHS, XLIII (1966), 11-24. We are much indebted to this article in the present section.

his way back from Toledo (2019-20). Other animals are also used symbolically. The cock is at peace in the hen-house with its many wives (2760-71), and contrasts with Peribáñez's disquiet; but the 'gallo de cresta roja, / porque la tiene en el pecho' (2774-5) is an obvious reference to the Comendador, who has disturbed Peribáñez's domestic tranquillity, just as the 'palomino extranjero' had threatened the bliss of the cooing doves (2776-87). In his arrogance as he attacks the bull, the Comendador is compared to a hawk (189), but when he clasps the dishevelled Casilda in his arms, he appears rather to be a wolf attacking a lamb (3091-3). The horse, on the other hand, is seen more as an extension of its rider, whether it be the Comendador, centaur-like, as he attacks the bull (186-9) or Peribáñez, as he hastens home from Toledo (2616-19) or prepares to ride back with Casilda to give himself up to the King's mercy (2900-2).

Other symbols are employed to suggest the fragility of the harmonious existence: the *vidrio*, so easily broken (2084), and the reed, as fragile as honour itself (2622-41). The harmony of the first *cuadro* of Act I is thus always in danger, but at the end of the play stability is restored.[53]

STAGING

The staging of *Peribáñez* is, at first sight, uncomplicated. The *corral de comedias* of the seventeenth century held a projecting apron stage, surrounded on three sides by the audience, who watched the play from boxes or balconies on the upper levels, were seated on benches mostly at the sides of the theatre, or stood in the *patio*. At the rear of the platform stage were two entrances, one at each side, with a central inner recess covered by curtains which could be drawn back. This 'inner stage' does not appear to have been used in this play. Curtains probably covered the whole of the rear wall behind the stage. Over the stage was a balcony, which was also used as part of the acting space.[54]

---

[53] The imagery of the play is also studied by GÜNTERT, *RFE*, LIV (1971), 37-52; and TURNER, *Symposium*, XX (1966), 174-86.

[54] For a detailed survey of acting conditions in the seventeenth century, see N. D. SHERGOLD, *A History of the Spanish Stage from Medieval Times until the end of the Seventeenth Century* (Oxford: Clarendon Press, 1967), ch. 8.

The seventeenth-century audience was restive, and the actors had to dominate from the outset. The wedding scene of the beginning of Act I, with guests and musicians filling the stage, was intended to centre the public's attention on the action. The opening *cuadros* of Acts II and III are, by contrast, quiet. The gaiety and tenderness of the wedding scene is, however, roughly shattered by the violent shouts which herald the bull-fight (Stage Direction, 166; 166-7; SD 222). Similiar noises offstage are used in the second Act, as the reapers are heard shouting in the distance (SD 1900). Since the stage was bare of scenery, it was necessary for the dialogue to inform the audience of the whereabouts and time of the action. All performances took place in broad daylight, and thus, in the *cuadro* in which the Comendador penetrates into Peribáñez's house in Act II, it is necessary for the actors to inform the audience that this scene takes place at night: 'Que ya es tarde, te prometo', says Casilda (1375). The audience is also given visual markers through the costume of the actors: the Comendador enters wearing a cloak (1505). At the end of this *cuadro,* with the danger temporarily averted, dawn is symbolically at hand (1645-7). The other night scene, that in which the Comendador enters Peribáñez's house for the last time, is again characterised by violence. The dark hours of the night are the usual setting for scenes of violence.[55]

The actors are given few indications by the dramatist as to how they should act their parts. Nineteenth- and twentieth-century stage directions are usually more explicit, but in this play Lope only notes that Peribáñez, newly ennobled, leaves the stage *marchando detrás con graciosa arrogancia* (SD, 2293).[56] However, we can tell from the dialogue that the countrymen in the third Act march *con brío,* in order to impress the gentlemen soldiers (2466-7), and that the actor playing the lovesick Comendador must show signs of melancholy and heave sighs (517-20).

Movement about the stage is more specifically indicated. The unconscious Comendador is brought in in Act I and placed on a chair (SD, 290), and in Act III the same character, mortally

---

[55] J. E. VAREY, 'The Staging of Night Scenes in the *comedia'*, *The American Hispanist,* II, 15 (1977), 14-16.

[56] The word 'graciosa', noun and adjective, had several meanings in the seventeenth century. See J. M. Ruano's forthcoming article, 'Malicia campesina y la ambigüedad esencial de *Peribáñez y el Comendador de Ocaña* de Lope', to be published in *Hispanófila.*

wounded, is again seated on a chair (2854). The symbolic importance of the repetition of this physical action has already been
noted. The most obvious physical symbolism of the play takes
place off stage: the fall of the Comendador from his horse is
commented on (262-9), but only the results are seen by the
audience. Similarly, Peribáñez tells Casilda how he fell from
his horse on his way back from Toledo (2019-24). On stage, the
audience sees Peribáñez forced by circumstances to hide in his
own house (2800-3); probably making use of the curtains at the
rear of the stage, or placing himself behind one of the pillars that
supported the balcony, Peribáñez is able to witness the Comendador's brutal handling of Casilda, but the greatest impact arises
from the realisation that the situation demands that a worthy
farmer should steal unobserved into his own house by night and
hide in this way. The balcony is used on two occasions. In the
third Act, the higher level is used almost realistically, as Casilda
and her friends bid farewell to the departing troops (2330-64),
but in the second Act, the physical situation of the action is used
symbolically. The Comendador has made his way into Casilda's
house by stealth, but is unable to open the door to her room. As
he returns to the open stage, Casilda appears on the balcony.
Casilda is above the Comendador, and he addresses her as though
she were the sun. But this physical relationship is an inversion
of their true roles in society. His love may ascend, as he said
earlier (565), like fire to its proper sphere, but in thus aspiring
upwards towards a false sun (a love which was denied him by
human and divine laws), he is in fact debasing himself. Casilda,
through her more elevated position, and through the descriptive
poetic language, is seen as touched by the rising sun; the Comendador is down among the dark doubts engendered by the night,
and by his own imprudent actions. The scene, then, is a visualisa-
tion of the inversion of values which he has brought about.

Gestures also are important. The *regidores* pay their respects
to the King (942-3), and Peribáñez kneels at his feet (3010). The
embrace of Peribáñez and Casilda is sincere, a symbol of their
union (485); the Comendador's embrace of Peribáñez is false,
and the reverse of what it purports to be (842-8), whilst his violent
handling of the innocent Casilda (2842) is described by Peribáñez
as the action of a wolf seizing a sheep (3084-5). The killing of the
Comendador is not clearly indicated in text or stage direction.
Dixon's suggestion that the Comendador may be killed from

behind, as foreshadowed in Bartolo's curse on the bull in Act I
(242-5),[57] may be correct, but it is also possible that the Comendador turns to face Peribáñez at the last moment so that, with
poetic justice, the sword girt on by the Comendador penetrates
the cross on his breast, the sign of the authority which he has
used so ill.

Music and dance intensify the impact of the play: the wedding
song and dance, a rousing *folía*, the songs of the reapers and of
the musicians. Contrasting with the melodies are the discordant
shouts of the startled spectators at the bull-fight, and the martial
roll of kettle-drums, an auditory symbol of war (2206, 2327,
SD, 2330, 2450, 2952).

Properties may be used to support the dialogue; the saddle-
bags which indicate that Peribáñez has been on a journey (SD,
1989), and the shields with which the Comendador and Luján
protect themselves (SD, 2714). Others are symbolic: the banner
of the King (SD, 2980), the fragile reed which Peribáñez apostro-
phises (2622), and the black ribbon which is Casilda's parting gift
to Peribáñez (2423-7). The *naipe* of the painter (1020-3) and
his full-scale portrait (SD, 1682) are, however, essential to the
working-out of the plot.

Costume is of cardinal importance. The wedding costume of
Casilda is not specified, but allows the Comendador to contrast her
country garb with her rare beauty (346-7), reinforcing the poetic
images he uses a few lines later. The costumes worn by the girls
in Toledo are discussed in detail (669-89), and described in the
stage direction (SD, 966) and by the Comendador (1026-7). As
Salomon has pointed out, Lope is at pains to ensure that the stage
picture accurately reflects the costumes of women of La Sagra.[58]
Casilda appears *con un rebozo* during the balcony scene (SD, 1534)
and subsequently contrasts her rustic dress with that of fine ladies
(1572-3, 1576-7), whilst at the end of the play the Queen underlines
Casilda's new status by bestowing on her four of her own dresses (3125-8). Costume, too, is used as disguise. The Comendador
says he will go *rebozado* to Toledo (904) and appears dressed *de
camino*, in travelling garb (SD, 966). Luján also disguises himself
as a reaper (SD, 1280). 'Tanto el apariencia engaña', he remarks
(1287), a sententious phrase which has a much wider application
in the play than he realises. Ironically, his disguise is quickly

[57] DIXON, *BHS*, XLIII (1966), 12, n. 2.
[58] SALOMON, *Recherches sur le thème paysan*, 484-8.

penetrated by Peribáñez (2076-8). He only succeeds in fooling himself, and at the end of the play the audience sees him *enharinado* (SD, 2886): covered with flour, his white appearance is at once comic and frightening, since it betokens both his frantic endeavour to hide from the avenging husband and his terror in the face of death.

The most important use of costume is, of course, that which stems from the *copla*. *Azadón* and *cuchilla* (552-3) are symbols of rank, and thus also the contrast between Peribáñez's *capa la pardilla* and *la suya guarnecida* of the Comendador (1595-7), symbolising the difference in their stations at the outset of the play. The Comendador is clearly dressed according to his rank (1607-9), with his gold-embroidered cloak (1505) and the *encomienda,* the sign of his authority, on his breast (877, 1612). We see him in other garb when he follows the married pair to Toledo. In preparing for his final attack on Casilda's virtue, he rejects the colour black, insisting on wearing a red cloak despite the servants' arguments and fears (2595-605): the colour red is clearly symbolic, linking with the colour of the cross on his breast and the red cockscomb. Peribáñez's costume also reflects his attitudes. Whilst he rejects a plumed hat as presumptuous in Act I (783-5), preferring his *sayal grosero* (876, SD, 842), when called to higher estate by the Comendador he buys suitable garments. He appears with sword and dagger (SD, 2214), and the clasping on of the sword by the Comendador is an act of the utmost significance (2256, 2282, 3087-9). As he goes off to the wars the audience sees him wearing the plumed hat he had previously rejected (2406), but now, of course, he is entitled to it, or so it would appear. But once his suspicions have proved correct and he has killed the Comendador, he goes to put himself at the mercy of the King clad once again *todo de labrador, con capa larga* (SD, 3008). His change of costume is an admission that he realises that the grant of honour was false because the Comendador had awarded it with mental reservations. Once the King has heard his story, he is confirmed in his new status, and henceforth will be able legitimately to carry a sword by his side (3120-1).

Verse Forms

The Spanish *comedia* employs a variety of verse forms. In his *Arte nuevo de hacer comedias en este tiempo* (1609), Lope de Vega not only prescribes the way in which the parts of a play should be written and presented (vv. 246-97), but also lays down the type of verse form most suitable for specific occasions:

> Acomode los versos con prudencia
> a los sujetos de que va tratando;
> las décimas son buenas para quejas;
> el soneto está bien en los que aguardan;
> las relaciones piden los romances,
> aunque en otavas lucen por extremo;
> son los tercetos para cosas graves,
> y para las de amor, las redondillas.[59]

As can be seen from the analysis of verse forms which follows, Lope employs *redondillas* in Act I, for instance, for 11. 166-225 and 272-511. The latter run includes the Comendador's conversation with Casilda and, after his departure, the ABCs of love. Leonardo's description of the preparations for war (2094-164) are fittingly presented in *romances*. The final *cuadro* opens with a similar description of the military campaign (2908-79), written this time in *octavas*. Peribáñez's soliloquy after his discovery of the painting of Casilda in the artist's studio (1739-95) could be well described as *quejas* and is, appropriately, composed in *décimas*. Lope does not make use of *tercetos* in this play; other verse forms employed, and not mentioned in the *Arte nuevo,* include *quintillas* (for the wedding scene, for instance, 1-125) and *liras* (for the Comendador's soliloquy in praise of Casilda's beauty, 522-57).

Sonnets are to be used, says Lope in the *Arte nuevo,* by 'los que aguardan'. The sonnets in *Peribáñez* have been skilfully analysed by Dixon and Dunn.[60] In Act I, Luján, whilst urging the Comendador to suborn Casilda with presents, recites a sonnet which tells of the way in which Angélica surrendered to Medoro,

<hr>

[59] The text is edited and discussed by Juan Manuel Rozas, *Significado y doctrina del 'Arte nuevo' de Lope de Vega,* Temas, 9 (Madrid: Sociedad General Española de Librería, 1976).

[60] Dixon, *BHS,* XLIII (1966), 181-9; P. N. Dunn, 'Some Uses of Sonnets in the Plays of Lope de Vega', *BHS,* XXXIV (1957), 213-22 (pp. 218-20).

who offered her a mere token of his love, whilst disdaining the noble deeds carried out on her behalf by Reinaldo, Roldán, Malgesí and Ferragut (603-16). As Dunn remarks, 'the picture of Angélica as a flighty person whose behaviour makes the heroic gestures of the warriors look ridiculous, fits the model of Casilda which the Comendador has created in his mind'. The audience, however, can appreciate the irony of the situation: the Comendador, in accepting Luján's view of Casilda —and his advice— is revealing his disdain for the married couple, and at the same time demonstrating to the onlooker his moral inferiority to. them. In Act II the Comendador uses the sonnet form in a soliloquy to compare his love for Casilda with that of King Xerxes for a tree, and that of an Athenian youth for a statue (1843-56), passions which were unwise and, still more, hopeless. Whilst the statue of the Greek could be endowed with life, Casilda is the reverse: a flesh-and-blood woman but even harder than marble in refusing to recognise the Comendador's passion for her. Whilst only the second sonnet is used as a soliloquy, in both instances the poetic form highlights an attitude: disdain for Casilda in Act I, despair and impatience at her coldness in Act II. An arresting verse-form, it centres the audience's attention on significant turning-points in the Comendador's attitude to the heroine.[61]

The harmony of music —a reflection of the harmony of the spheres, and therefore of God's creation— is related in many Golden-Age works to love.[62] It is therefore fitting that the wedding should be celebrated with a song (126-65), and that the words should stress, as we have seen, the relationship between human love and the divine pattern of the universe. That this harmony —musical and symbolic— should be rudely interrupted by the shouts of the spectators at the bull-fight is a foreshadowing of the later development of the plot. Dixon has pointed out that, in

[61] On Lope's use of versification in general, see Diego MARÍN, *Uso y función de la versificación dramática en Lope de Vega,* Estudios de Hispanófila, 2 (Valencia: Castalia, 1962). On this play, see G. M. CARTAYA, 'El sentido arquitectónico en la técnica teatral de Lope de Vega', *Horizontes* [Revista de la Universidad Católica de Puerto Rico], IX, 17 (1965), 15-31.

[62] Leo SPITZER, in 'A Central Theme and its Structural Equivalent in Lope's *Fuenteovejuna*', *HR,* XXIII (1955), 274-92, discusses the relationship between love and musical harmony in the play. See also the same author's *Classical and Christian Ideas of World Harmony* (Baltimore: The Johns Hopkins Press, 1963).

Casilda's description of her happy life with Peribáñez, she tells how 'their simmering stew-pot plays such a merry *villano* that the newly-weds feel like dancing' (730-7).[63] The *trébole* of the reapers (1460-77) is a traditional song which unites, in its lyric, love and music, although the tone is somewhat satirical. The second reapers' song (1917-28) treats of the rejection of the Comendador by Casilda and incorporates the original *copla*. However, man in his lack of wisdom can use all things, however potentially harmonious, for ill-advised or evil purposes, as is demonstrated by the song with which Casilda is serenaded in Act III (2718-27). Significantly, this song picks up the imagery of the bull, and suggests both Casilda's rejection of the Comendador and the way in which this has damaged his reputation in the eyes of the village. The song, like the sonnet, crystallises the action of the play and presents the themes in vigorous and pointed fashion.[64]

VERSIFICATION:

Act I:

1-125,	*quintillas*	125
126-165,	sexasyllabic *romancillo* with two *folías*	40
166-225,	*redondillas*	60
226-271,	*romance, ó-o*	46
272-511,	*redondillas*	240
512-521,	*quintillas*	10
522-557,	*liras*	36
558-602,	*quintillas*	45
603-616,	*soneto*	14
617-661,	*quintillas*	45
662-785,	*redondillas*	124
786-907,	hendecasyllabic blank verses with occasional rhyming couplets	122
908-943,	*redondillas*	36
944-1049,	*romance, é-o*	106
	TOTAL	1,049

[63] DIXON, *BHS*, XLIII (1966), 16. His discussion of the role of music in the play is to be found at pp. 15-17.
[64] On the songs in *Peribáñez*, see Gustavo UMPIERRE, *Songs in the Plays of Lope de Vega: A study of their dramatic function* (London: Tamesis, 1975), particularly pp. 16-17, 56-7, 68, 79-80.

4

Act II:

1050-1199,	*quintillas*	150
1200-1459,	*redondillas*	260
1460-1477,	*canción*	18
1478-1553,	*redondillas*	76
1554-1651,	*romance, í-a*	98
1652-1735,	*redondillas*	84
1736-1795,	*décimas*	60
1796-1842,	hendecasyllabic blank verses with occasional rhyming couplets	47
1843-1856,	*soneto*	14
1857-1916,	*quintillas*	60
1917-1928,	*romance, í-a*	12
1929-1943,	*quintillas*	15
1944-1955,	*redondillas*	12
1956-2085,	*romance, á-a*	130

TOTAL   1,036

Act III:

2086-2093,	*redondillas*	8
2094-2213,	*romance, á-a*	120
2214-2361,	*redondillas*	148
2362-2449,	*romance, é-o*	88
2450-2717,	*redondillas*	268
2718-2727,	*canción*	10
2728-2907,	*redondillas*	180
2908-2979,	*octavas*	72
2980-3011,	*redondillas*	32
3012-3131,	*romance, á-a*	120

TOTAL   1,046

Verse Totals:

Quintillas	450
Redondillas	1,528
Décimas	60
Canciones	68
Romances	720
Liras	36
Sonetos	28
Hendecasyllabic blank verses	169
Octavas	72

TOTAL   3,131

THE PRESENT EDITION

The present text of *Peribáñez y el Comendador de Ocaña* is based on that of *Parte IV* of Lope de Vega's *comedias,* printed in Madrid in 1614 by Miguel Serrano de Vargas, 'a costa de Miguel Siles, librero'. We have used as our copy-text the copy held by the British Library of the British Museum (shelf-mark: 1072.k.14). Other copies of this edition exist in Madrid (Biblioteca Nacional, R. 24.987, R. 14.097 and R. 13.855)[65], Toledo, Berlin, Freiburg, Munich, Parma, Ambrosiana (Milan), and Vatican,[66] and also Bonn.[67]

Two further editions of this *Parte* appeared in Barcelona and in Pamplona in the same year. The latter was published by Nicolás de Asiaín and is a page-by-page reprint, with corrections, of the text of the Madrid edition; there are, however, different preliminaries and a *Fe de erratas* which lists four new misprints. Copies of the Pamplona edition are found in the Bibliothèque National (Paris), Tubingen, and Casanatense,[68] and also in the Real Academia Library (Madrid),[69] and at the University of California Library;[70] six other copies are in Germany.[71] The British Library owns a copy of the Pamplona edition, but its title page has been replaced for some unknown reason by one bearing the name of the 'viuda de Alonso Martín' and the date 1667 (shelf-mark: 1072.i.4). Professor Victor Dixon informs us that it is his belief that all the 'Madrid, viuda de Alonso Martín, 1667' volumes in the British Library are earlier *Partes* of Lope's *comedias* with the original title-pages replaced by false title-pages of 1667. A reprint of the Pamplona 1614 edition appeared in the same city in 1624 (copies in Barcelona and Paris).[72]

[65] See M. C. PÉREZ Y PÉREZ, *Bibliografía del teatro de Lope de Vega,* Cuadernos Bibliográficos, XXIX (Madrid: CSIC, 1973), 40.

[66] M. G. PROFETI, 'Appunti bibliografici sulla collezione Diferentes Autores', *Miscellanea di studi ispanici* (Pisa: Universitá, 1969-70), 131 and n. 18.

[67] H. TIEMANN, *Lope de Vega im Deutschland* (Hamburg: Verlag von Lütcke & Wulff, 1939), 16.

[68] PROFETI, 131, n. 18.

[69] PÉREZ Y PÉREZ, 40-1.

[70] *Cuatro comedias,* ed. J. M. Hill and M. H. Harlan (New York: Norton, 1941), 16.

[71] TIEMANN, 17.

[72] PROFETI, 131, n. 18.

The Barcelona edition of *Parte IV* was printed in 1614 by Sebastián de Cormellas, 'a costa de Juan Bonilla, mercader de libros' (British Library shelf-mark: 11726.k.7, another copy with some corrections: 1072.1.5). Copies of this edition are found in the Biblioteca Nacional, Madrid (U. 10.576 and R. 23.467),[73] and in Germany.[74] Whilst not, like the Pamplona text, a page-by-page reprint, the Barcelona text of *Peribáñez* follows the Madrid edition very closely. Most of the 19 substantive variants that exist between the two texts can easily be ascribed to common compositorial errors; two or three of them, however (particularly lines 1167 and 2839 of the present edition), are probably attempts at emendation of the copy-text.

Only one seventeenth-century MS of *Peribáñez* has come to our notice. It is included in a volume entitled 'Comedias de Lope de Vega. Tom. I MSS' which formed part of the collection of Lord Holland and is now in the possession of the Viscountess of Galway.[75] This manuscript version is a rather hastily written rehash of *Peribáñez* and textually is far inferior to the printed editions. There exist grounds for considering it to be the work of a *memorión* and it should not, therefore, be taken into consideration for a critical edition of the play. An eighteenth-century manuscript copy of *Peribáñez* is said to have existed in the Biblioteca Universitaria of Seville.[76] According to a librarian of the University, Sr. Menayo, no trace of this manuscript can now be found.

In the present edition of *Peribáñez y el Comendador de Ocaña*, we have followed as closely as possible the text of *Parte IV* of Lope's *comedias*, Madrid 1614, although we have not hesitated to emend whenever we deemed it necessary. Every substantive departure from the copy-text has been, however, listed in the footnotes which accompany the text. The basic note provides a lemma drawn from the emended reading as it appears in the present text; when no siglum is present following the square bracket, the emendation is our own; otherwise, the bracket is followed by the sigla of the sources from which the alteration is drawn; the note is concluded by the rejected readings of the

---

[73] PÉREZ Y PÉREZ, 41.
[74] TIEMANN, 16.
[75] Victor DIXON, 'El auténtico *Antonio Roca* de Lope', *Homenaje al profesor William L. Fichter* (Madrid: Castalia, 1971), 176.
[76] *Catálogo de la Exposición Bibliográfica de Lope de Vega* (Madrid: Biblioteca Nacional, 1935), 33.

other sources. Thus, the ten most important editions of *Peribáñez* (see below) are being collated whenever a reading from the
copy-text is rejected. Our reasons for emending or refusing to
emend some of these readings are to be found among the End-
Notes.

The most interesting of the substantive variants in the other
editions have also been included in the footnotes. Once again,
the lemmata is drawn from the present text, and variants with
their sigla follow the square brackets; omission of a siglum indicates that the edition concerned agrees with the present text.
We have used in these notes some of the shorthand symbols advo-
cated by R. B. McKerrow in his *Prolegomena for the Oxford
Shakespeare:*[77] the wavy dash (∼) takes the place of the words
associated with a punctuation mark, and the inferior caret (∧)
calls attention to the absence of punctuation marks cither in the
text or in the editions being collated.

Since the present edition is not intended solely for specialists
in Spanish literature of the Golden Age, we have given in the
End-Notes the meaning of every word not found in the standard
modern Spanish-English dictionaries; moreover, when a word
is used by Lope in an acceptation different from the one it
normally has we have, whenever possible, illustrated this use
with quotations taken from other plays by Lope. We have endeavoured to explain any passage where the sense or the syntax
might present difficulties, and also to point out internal references
and to explain allusions that were familiar to Lope's audience
but may no longer be so today. The occurrence of an End-Note
is marked in each case by an asterisk in the text.

The spelling of the present text has been modernised, save
where an alteration would have created prosodic inconsistencies
or affected the pronunciation. We have, however, not attempted
to eliminate variations in the spelling of the original, except for
agora and *ahora* where the different spelling affects the syllable
count. The stage-directions found in our copy-text are themselves
quite sufficient to allow a reader to reconstruct the movements
on stage, but we have decided, for the sake of clarity, to make
some additions, specially of *apartes;* all our additions appear in
square brackets. Stage-directions are always referred to by the
number of the line immediately following them, except in those

---

[77] (Oxford: Clarendon Press, 1939), 86-7.

instances where they are found between or opposite a line of verse. The line or lines spoken in *apartes* have been placed between brackets. Finally, the end of each *cuadro* is indicated by the insertion of a horizontal line.

The sigla of the ten texts used for the present editions are as follows:

A: *Parte IV* (Madrid: Miguel Serrano de Vargas, 1614).
B: *Parte IV* (Barcelona: Sebastián de Cormellas, 1614).
C: *Parte IV* ('Madrid: Viuda de Alonso Martín, 1667').
D: *Comedias escogidas de Frey Lope Félix de Vega Carpio.* ed. Juan Eugenio Hartzenbusch, BAE, XLI (Madrid: Rivadeneyra, 1857).
E: *Obras de Lope de Vega,* X, ed. Marcelino Menéndez Pelayo (Madrid: RAE, 1899).
F: *Peribáñez y el Comendador de Ocaña,* ed. Adolfo Bonilla y San Martín (Madrid: Ruiz Hermanos, 1916).
G: *Cuatro comedias,* ed. John M. Hill and Mabel M. Harlan (New York: Norton, 1941).
H: *Peribáñez y el Comendador de Ocaña,* ed. Ch. V. Aubrun and J. F. Montesinos (Paris: Hachette, 1943).
I: *Peribáñez y el Comendador de Ocaña. La dama boba,* ed. Alonso Zamora Vicente, 2nd ed., Clásicos Castellanos, CLIX (Madrid: Espasa-Calpe, 1969).
J: *Peribáñez y el Comendador de Ocaña,* ed. William Smith Mitchell, Bell's Spanish Classics (London: Bell, 1971).

CONCLUSION

Peribáñez is a play which sets out to reinforce the accepted social order, whilst demonstrating the way in which the actions of the individual can subvert the temporal system. The plot stresses the role which each social unit has to play in society, its rights and its obligations. It underlines, too, the interdependence of the sections of society, the way in which apparently trivial actions by the individual or the isolated group may have profound consequences for the whole of society and, thus, the need for prudence in all judgments and actions. It is a play, too, of considerable tension. Lope called it a tragicomedy, and time and again we find ourselves in a scene which is superficially happy and even gay, but with dark undertones. Peribáñez is tempered in the fire, and his true qualities stand revealed at the end. Casilda, too, has matured considerably from the happy, laughter-loving girl of the wedding scene to the grim moment when she stands by and approves the killing of her cousin. The Comendador has lived out his dream-life, and at the moment of death finds again the true path. The characters are no mere silhouettes. The relationship between characters, comparisons and contrasts of attitudes and reactions in similar circumstances, departures from accepted norms: these are the ways in which Lope presents the psychological change and growth in his characters, rather than through agonised soliloquies. The *comedia* is a play, not only of action, but of interaction.

The *comedia* must be regarded not only as poetry or a moral lesson, but also as a dramatic construct. The use of costume and properties, modes of address, registers of speech, contrasts of harmonious music and discord, of light and feigned darkness, of movements about the stage and relationships in space, all serve to complement the play of poetic imagery and to actualize the theme of the play. It is only by endeavouring to see the play in three dimensions, in colour and in movement, that we can truly appreciate the purpose of the dramatist and evaluate his success.

SELECT BIBLIOGRAPHY

ALMASOV, Alexey. *'Fuenteovejuna* y el honor villanesco en el teatro de Lope de Vega', *Cuadernos Hispanoamericanos,* 161-2 (1963), 701-55.

BOORMAN, J. T. *'Divina Ley* and *Derecho Humano* in *Peribáñez',* BCom, XII, 2 (1960), 12-14.

CASE, Thomas E. 'El papel de Inés en *Peribáñez', Duquesne Hispanic Review,* X (1971), 1-9; substantially repeated in an article of the same title in *RF,* LXXXIV (1972), 546-52.

CORREA, Gustavo. 'El doble aspecto de la honra en *Peribáñez y el Comendador de Ocaña', HR,* XXVI (1958), 188-99.

DIXON, Victor. 'The Symbolism of *Peribáñez', BHS,* XLIII (1966), 11-24.

GÜNTERT, Georges. 'Relección de *Peribáñez', RFE,* LIV (1971), 37-52.

HEATHCOTE, A. A. *'Peribáñez* and *El alcalde de Zalamea:* similarities and differences', *Vida Hispánica,* XXV, 3 (Autumn, 1977), 21-30.

JONES, R. O. 'Poets and Peasants', in *Homenaje a William L. Fichter. Estudios sobre el teatro antiguo hispánico y otros ensayos,* ed. A. D. Kossoff and J. Amor y Vázquez (Madrid: Castalia, 1971), 341-55.

RANDEL, Mary Gaylord. 'The Portrait and the Creation of *Peribáñez', RF,* LXXXV (1973), 145-58.

REICHENBERGER, Arnold G. 'The Uniqueness of the *comedia', HR,* XXVII (1959), 303-16.

SALOMON, Nöel. *Recherches sur le thème paysan dans la 'comedia' de Lope de Vega.* Bordeaux: Institut d'Etudes Ibériques et Ibéro-Americaines de l'Université de Bordeaux, 1965.

SÁNCHEZ, Roberto G. 'El contenido irónico-teatral en el *Peribáñez* de Lope de Vega', *Clavileño,* V, 29 (1954), 17-25.

TURNER, Alison. 'The Dramatic Function of Imagery and Symbolism in *Peribáñez* and *El caballero de Olmedo', Symposium,* XX (1966), 174-86.

VAREY, J. E. 'The Staging of Night Scenes in the *comedia', The American Hispanist,* II, 15 (1977), 14-16.

WILSON, Edward M. 'Images et structures dans *Peribáñez', BH,* LI (1949), 125-59.

LA FAMOSA TRAGICOMEDIA DE PERIBAÑEZ Y EL COMENDADOR DE OCAÑA

[*Personas que hablan en ella:*]

UN CURA, *a lo gracioso.*
INÉS, *madrina.*
COSTANZA, *labradora.*
CASILDA, *desposada.*
PERIBÁÑEZ, *novio.*
LOS MÚSICOS, *de villanos.*
BARTOLO, *labrador.*
EL COMENDADOR.
MARÍN Y LUJÁN, *lacayos.*
LABRADORES.
LEONARDO, *criado.*
EL REY ENRIQUE.
EL CONDESTABLE.
ACOMPAÑAMIENTO.
UN PAJE.
DOS REGIDORES DE TOLEDO.

UN PINTOR.
BLAS.
GIL.
ANTÓN.
BENITO.
MENDO.
LLORENTE.
CHAPARRO.
HELIPE.
SEGADORES.
BELARDO.
UN CRIADO.
LOS MÚSICOS.
LA REINA.
UN SECRETARIO.
GÓMEZ MANRIQUE.

ACTO PRIMERO

Boda de villanos. El CURA; INÉS, *madrina;* COSTANZA, *labradora;* CASILDA, *novia;* PERIBÁÑEZ; MÚSICOS, *de labradores.*

INÉS.	Largos años os gocéis.	
COSTANZA.	Si son como yo deseo,	
	casi inmortales seréis.	
CASILDA.	Por el de serviros, creo	
	que merezco que me honréis.	5
CURA.	Aunque no parecen mal,	
	son excusadas razones	
	para cumplimiento igual,	
	ni puede haber bendiciones	
	que igualen con el misal.*	10
	Hartas os dije; no queda	
	cosa que deciros pueda	
	el más deudo, el más amigo.	
INÉS.	Señor doctor, yo no digo	
	más de que bien les suceda.	15
CURA.	Espérolo en Dios, que ayuda	
	a la gente virtüosa.	
	Mi sobrina es muy sesuda.	
PERIBÁÑEZ.	Sólo con no ser celosa	
	saca este pleito* de duda	20
CASILDA.	No me deis vos ocasión,	
	que en mi vida tendré celos.	
PERIBÁÑEZ.	Por mí no sabréis qué son.	
INÉS.	Dicen que al amor los cielos	
	le dieron esta pensión.*	25
CURA.	Sentaos, y alegrad el día	
	en que sois uno los dos.*	
PERIBÁÑEZ.	Yo tengo harta* alegría	
	en ver que me ha dado Dios	
	tan hermosa compañía.*	30
CURA.	Bien es que a Dios se atrebuya,	
	que en el reino de Toledo	

16: Espérolo] C-E, G, I-J; Espérelo A-B, F, H.

	no hay cara como la suya.	
CASILDA.	Si con amor pagar puedo,	
	esposo, la afición tuya,	35
	de lo que debiendo quedas	
	me estás en obligación.	
PERIBÁÑEZ.	Casilda, mientras no puedas	
	excederme en afición,	
	no con palabras me excedas.	40

Toda esta villa de Ocaña*
poner quisiera a tus pies,*
y aun todo aquello que baña
Tajo* hasta ser portugués,
entrando en el mar de España.*   45
El olivar más cargado
de aceitunas me parece
menos hermoso, y el prado
que por el mayo florece,
sólo del alba pisado.   50
No hay camuesa* que se afeite
que no te rinda ventaja,
ni rubio y dorado aceite
conservado en la tinaja,
que me cause más deleite.   55
Ni el vino blanco imagino
de cuarenta años tan fino
como tu boca olorosa,
que como al señor la rosa
le güele al villano el vino.   60
Cepas que en diciembre arranco
y en otubre dulce mosto,
ni mayo de lluvias franco,
ni por los fines de agosto
la parva de trigo blanco,   65
igualan a ver presente
en mi casa un bien, que ha sido
prevención más excelente
para el invierno aterido
y para el verano ardiente.   70
Contigo, Casilda, tengo
cuanto puedo desear,

63: ni] D-J; en A-C.

y sólo el pecho prevengo;
en él te he dado lugar,
ya que a merecerte vengo.   75
 Vive en él; que si un villano
por la paz del alma es rey,*
que tú eres reina está llano,
ya porque es divina ley,
y ya por derecho humano.   80
 Reina, pues, que tan dichosa
te hará el cielo, dulce esposa,
que te diga quien te vea:
la ventura de la fea
pasóse a Casilda hermosa.*   85

CASILDA. Pues yo ¿cómo te diré
lo menos que miro en ti,
que lo más del alma fue?*
Jamás en el baile oí
son que me bullese el pie,   90
 que tal placer me causase
cuando el tamboril sonase,
por más que el tamborilero
chillase con el guarguero*
y con el palo tocase.   95
 En mañana de San Juan
nunca más placer me hicieron
la verbena y arrayán,*
ni los relinchos* me dieron
el que tus voces me dan.   100
 ¿Cuál adufe* bien templado,
cuál salterio* te ha igualado?
¿Cuál pendón de procesión,
con sus borlas y cordón,
a tu sombrero chapado?   105
 No hay pies con zapatos nuevos
como agradan tus amores;
eres entre mil mancebos
hornazo en Pascua de Flores
con sus picos y sus huevos.   110
 Pareces en verde prado
toro bravo y rojo echado;
pareces camisa nueva,

           que entre jazmines se lleva
           en azafate dorado.   115
              Pareces cirio pascual*
           y mazapán de bautismo,*
           con capillo* de cendal,
           y paréceste a ti mismo,
           porque no tienes igual.   120

CURA.   Ea, bastan los amores,
           que quieren estos mancebos
           bailar y ofrecer.*

PERIBÁÑEZ.   Señores,
           pues no sois en amor nuevos,
           perdón.

MÚSICO.   Ama hasta que adores.   125

   Canten y danzan.

            Dente parabienes
          el mayo garrido,
          los alegres campos,
          las fuentes y ríos.
          Alcen las cabezas   130
          los verdes alisos,
          y con frutos nuevos
          almendros floridos.
          Echen las mañanas,
          después del rocío,   135
          en espadas verdes*
          guarnición de lirios.
          Suban los ganados
          por el monte mismo
          que cubrió la nieve,   140
          a pacer tomillos.

   Folía.*

            Y a los nuevos desposados
          eche Dios su bendición;
          parabién les den los prados,
          pues hoy para en uno son.   145

125:   MÚSICO] UN LABRADOR D-F, H, J.

Vuelva a danzar.

> Montañas heladas
> y soberbios riscos,
> antiguas encinas
> y robustos pinos,
> dad paso a las aguas   150
> en arroyos limpios,
> que a los valles bajan
> de los yelos fríos.
> Canten ruiseñores,
> y con dulces silbos   155
> sus amores cuenten
> a estos verdes mirtos.
> Fabriquen las aves
> con nuevo artificio
> para sus hijuelos   160
> amorosos nidos.

Folía.

> Y a los nuevos desposados
> eche Dios su bendición;
> parabién les den los prados,
> pues hoy para en uno son.   165

Hagan gran ruido y entre BARTOLO, *labrador.*

CURA.	¿Qué es aquello?
BARTOLO.	¿No lo veis

en la grita y el rüido?
CURA. ¿Mas que el novillo han traído?
BARTOLO. ¿Cómo un novillo? Y aun tres.
     Pero el tiznado que agora   170
traen del campo, ¡voto al sol,
que tiene brío español!
No se ha encintado* en una hora.
     Dos vueltas ha dado a Bras,
que ningún italïano*   175
se ha vido andar tan liviano

170: el] D-E, H-J;   al A-C, F-G.

por la maroma jamás.
A la yegua de Antón Gil,
del verde recién sacada,
por la panza desgarrada   180
se le mira el perejil.*
No es de burlas, que a Tomás,*
quitándole los calzones,
no ha quedado en opiniones,
aunque no barbe jamás.   185
El nueso Comendador,
señor de Ocaña y su tierra,
bizarro a picarle cierra,*
más gallardo que un azor.
¡Juro a mí, si no tuviera   190
cintero el novillo! ...

CURA.   Aquí
no podrá entrar.

BARTOLO.   Antes sí.

CURA.   Pues, Pedro, de esa manera,
allá me subo al terrado.*

COSTANZA.   Dígale alguna oración,   195
que ya ve que no es razón
irse, señor licenciado.

CURA.   Pues oración ¿a qué fin?

COSTANZA.   ¿A qué fin? De resistillo.

CURA.   Engáñaste, que hay novillo   200
que no entiende bien latín.   (Entrese)

COSTANZA.   Al terrado va sin duda.
La grita creciendo va.

Voces.

INÉS.   Todas iremos allá,
que, atado, al fin, no se muda.*   205

BARTOLO.   Es verdad, que no es posible
que más que la soga alcance.   [Vanse]*

PERIBÁÑEZ.   ¿Tú quieres que intente un lance?

CASILDA.   ¡Ay no, mi bien, que es terrible!

PERIBÁÑEZ.   Aunque más terrible sea,   210

192:   ∧ no ... entrar.] ¿~ ... ~? D-J.
207:   [Vanse]] Vase D-H, J;   omit. A-C.

	de los cuernos le asiré,	
	y en tierra con él daré,	
	por que mi valor se vea.	
CASILDA.	No conviene a tu decoro	
	el día que te has casado,	215
	ni que un recién desposado	
	se ponga en cuernos de un toro.*	
PERIBÁÑEZ.	Si refranes considero,	
	dos me dan gran pesadumbre:	
	que a la cárcel, ni aun por lumbre,*	220
	y de cuernos, ni aun tintero.*	
	Quiero obedecer.	

[*Ruido dentro.*]

CASILDA.   ¡Ay Dios!
              ¿Qué es esto?

(Dentro.)   ¡Qué gran desdicha!

CASILDA.   Algún mal hizo por dicha.*

PERIBÁÑEZ.   ¿Cómo, estando aquí los dos?   225

BARTOLOMÉ *vuelve.*

BARTOLO.	¡Oh, que nunca le trujeran,	
	pluguiera al cielo, del soto!	
	A la fe, que no se alaben	
	de aquesta fiesta los mozos.	
	¡Oh, mal hayas, el novillo! *	230
	¡Nunca en el abril llovioso	
	halles yerba en verde prado,	
	más que si fuera en agosto;	
	siempre te venza el contrario	
	cuando estuvieres celoso,	235
	y por los bosques bramando,	
	halles secos los arroyos;	
	mueras en manos del vulgo,	
	a pura garrocha,* en coso;	
	no te mate caballero	240
	con lanza o cuchillo de oro;	
	mal lacayo por detrás,	
	con el acero mohoso,	

242: mal] mas D-F, H, J.

5

	te haga sentar por fuerza,	
	y manchar en sangre el polvo!	245
PERIBÁÑEZ.	Repórtate ya, si quieres,	
	y dinos lo que es, Bartolo;	
	que no maldijera más	
	Zamora a Bellido Dolfos.*	
BARTOLO.	El Comendador de Ocaña,	250
	mueso señor generoso,	
	en un bayo que cubrían	
	moscas negras* pecho y lomo,	
	mostrando por un bozal	
	de plata el rostro fogoso,	255
	y lavando en blanca espuma*	
	un tafetán verde y rojo,	
	pasaba la calle acaso,	
	y viendo correr el toro,	
	caló la gorra y sacó	260
	de la capa el brazo airoso.	
	Vibró la vara, y las piernas	
	puso al bayo, que era un corzo,	
	y al batir los acicates,	
	revolviendo el vulgo loco,	265
	trabó la soga al caballo	
	y cayó en medio de todos.	
	Tan grande fue la caída,	
	que es el peligro forzoso.	
	Pero ¿qué os cuento, si aquí	270
	le trae la gente en hombros?	

El COMENDADOR *entre algunos labradores; dos lacayos de librea,* MARÍN *y* LUJÁN; *borceguís, capa y gorra.*

SANCHO.	Aquí estaba el licenciado	
	y lo podrán absolver.	
INÉS.	Pienso que se fue a esconder.	
PERIBÁÑEZ.	Sube, Bartolo, al terrado.	275
BARTOLO.	Voy a buscarle. [*Vase*]	
PERIBÁÑEZ.	Camina.	
LUJÁN.	Por silla* vamos los dos	

272:   SANCHO] BARTOLO C, G, I; MARÍN D-F, H, J.

en que llevarle, si Dios
llevársele determina.

MARÍN.   Vamos, Luján, que sospecho   280
que es muerto el Comendador.

LUJÁN.   El corazón de temor
me va saltando en el pecho.   *[Vanse]*

CASILDA.   Id vos, porque me parece,
Pedro, que algo vuelve en sí,   285
y traed agua.

PERIBÁÑEZ.   Si aquí
el Comendador muriese,*
no vivo más en Ocaña.*
¡Maldita la fiesta sea!

Vanse todos. Queden CASILDA *y el* COMENDADOR *en una silla,
y ella tomándole las manos.**

CASILDA.   ¡Oh qué mal el mal se emplea   290
en quien es la flor de España!
¡Ah gallardo caballero!
¡Ah valiente lidiador!
¿Sois vos quien daba temor
con ese desnudo acero   295
a los moros de Granada?
¿Sois vos quien tantos mató?
¡Una soga derribó
a quien no pudo su espada!
Con soga os hiere la muerte;   300
mas será por ser ladrón*
de la gloria y opinión
de tanto capitán fuerte.
¡Ah señor Comendador!

COMENDADOR.   ¿Quién llama? ¿Quién está aquí?   305

CASILDA.   ¡Albricias, que habló!

COMENDADOR.   ¡Ay de mí!
¿Quién eres?

CASILDA.   Yo soy, señor.
No os aflijáis, que no estáis
donde no os desean más bien
que vos mismo, aunque también   310

290: el mal] D-J; *omit.* A-C.

	quejas, mi señor, tengáis de haber corrido aquel toro. Haced cuenta que esta casa aunque es vuestra hoy...
COMENDADOR.	¡Pasa*

todo el humano tesoro!   315
    Estuve muerto en el suelo,
y como ya lo creí,
cuando los ojos abrí,
pensé que estaba en el cielo.
    Desengañadme, por Dios,   320
que es justo pensar que sea
cielo donde un hombre vea
que hay ángeles como vos.

CASILDA.   Antes por vuestras razones
podría yo presumir   325
que estáis cerca de morir.

COMENDADOR.   ¿Cómo?

CASILDA.   Porque veis visiones.
    Y advierta vueseñoría
que, si es agradecimiento
de hallarse en el aposento   330
desta humilde casa mía,
de hoy solamente lo es.

COMENDADOR.   ¿Sois la novia, por ventura?

CASILDA.   No por ventura, si dura
y crece este mal* después,   335
venido por mi ocasión.

COMENDADOR.   ¿Que vos estáis ya casada?

CASILDA.   Casada y bien empleada.

COMENDADOR.   Pocas hermosas lo son.

CASILDA.   Pues por eso he yo tenido   340
la ventura de la fea.*

COMENDADOR.   [Ap.] (¡Que un tosco villano sea
desta hermosura marido!)
    ¿Vuestro nombre?

CASILDA.   Con perdón,
Casilda, señor, me nombro.   345

COMENDADOR.   [Ap.] (De ver su traje me asombro

314:   aunque es vuestra hoy... COMENDADOR: ¡Pasa] aunque es vuestra.
   Com. Oy passa A-C;   es vuestra. COMENDADOR: Hoy a ella pasa D-J.

	y su rara perfeción:	
	diamante en plomo engastado.)*	
	¡Dichoso el hombre mil veces	
	a quien tu hermosura ofreces!	350
CASILDA.	No es él el bien empleado;	
	yo lo soy, Comendador;	
	créalo su señoría.	
COMENDADOR.	Aun para ser mujer mía	
	tenéis, Casilda, valor.	355
	Dame licencia que pueda	
	regalarte.	

PERIBÁÑEZ *entre.*

PERIBÁÑEZ.	No parcce	
	el licenciado. Si crece	
	el acidente...	
CASILDA.	Ahí te queda,	
	porque ya tiene salud	360
	don Fadrique, mi señor.	
PERIBÁÑEZ.	Albricias te da mi amor.	
COMENDADOR.	Tal ha sido la virtud	
	desta piedra celestial.*	

MARÍN y LUJÁN, *lacayos.*

MARÍN.	Ya dicen que ha vuelto en sí.	365
LUJÁN.	Señor, la silla está aquí.	
COMENDADOR.	Pues no pase del portal,	
	que no he menester ponerme	
	en ella.	
LUJÁN.	¡Gracias a Dios!	
COMENDADOR.	Esto que os debo a los dos,	370
	si con salud vengo a verme,	
	satisfaré de manera	
	que conozcáis lo que siento	
	vuestro buen acogimiento.	
PERIBÁÑEZ.	Si a vuestra salud pudiera,	375
	señor, ofrecer la mía,	
	no lo dudéis...	
COMENDADOR.	Yo lo creo.	

LUJÁN.	¿Qué sientes?
COMENDADOR.	Un gran deseo
	que cuando entré no tenía.*
LUJÁN.	No lo entiendo.
COMENDADOR.	Importa poco. 380
LUJÁN.	Yo hablo de tu caída.
COMENDADOR.	En peligro está mi vida
	por un pensamiento loco.

Váyanse; queden CASILDA *y* PERIBÁÑEZ.

PERIBÁÑEZ.   Parece que va mejor.
CASILDA.   Lástima, Pedro, me ha dado.   385
PERIBÁÑEZ.   Por mal agüero he tomado
    que caiga el Comendador.
    ¡Mal haya la fiesta, amén,
    el novillo y quien le ató!
CASILDA.   No es nada, luego me habló.   390
    Antes lo tengo por bien,
    por que nos haga favor
    si ocasión se nos ofrece.
PERIBÁÑEZ.   Casilda, mi amor merece
    satisfación de mi amor.   395
    Ya estamos en nuestra casa,
    su dueño y mío has de ser;
    ya sabes que la mujer
    para obedecer se casa,
    que así se lo dijo Dios   400
    en el principio del mundo; *
    que en eso estriba, me fundo,
    la paz y el bien de los dos.
    Espero amores de ti
    que has de hacer gloria mi pena.   405
CASILDA.   ¿Qué ha de tener para buena
    una mujer?
PERIBÁÑEZ.   Oye.
CASILDA.   Di.
PERIBÁÑEZ.   Amar y honrar su marido*
    es letra de este abecé,

402:   estriba] estriuen C;   estriban D-E, H, J.

siendo buena por la B, 410
que es todo el bien que te pido.
    Haráte cuerda la C,
la D dulce, y entendida
la E, y la F en la vida
firme, fuerte y de gran fe. 415
    La G grave, y para honrada
la H, que con la I
te hará ilustre, si de ti
queda mi casa ilustrada.
    Limpia serás por la L, 420
y por la M maestra
de tus hijos, cual lo muestra
quien de sus vicios se duele.
    La N te enseña un no
a solicitudes locas, 425
que este no, que aprenden pocas,
está en la N y la O.
    La P te hará pensativa,
la Q bien quista, la R
con tal razón que destierre 430
toda locura excesiva.
    Solícita te ha de hacer
de mi regalo la S,
la T tal que no pudiese
hallarse mejor mujer. 435
    La V te hará verdadera,
la X buena cristiana,*
letra que en la vida humana
has de aprender la primera.
    Por la Z has de guardarte 440
de ser zelosa, que es cosa
que nuestra paz amorosa
puede, Casilda, quitarte.
    Aprende este canto llano,
que con aquesta cartilla, 445
tú serás flor de la villa,*
y yo el más noble villano.

CASILDA.   Estudiaré, por servirte,
las letras de ese abecé;
pero dime si podré 450

otro, mi Pedro, decirte,
si no es acaso licencia.

PERIBÁÑEZ.   Antes yo me huelgo. Di,
que quiero aprender de ti.

CASILDA.   Pues escucha, y ten paciencia.   455
La primera letra es A,
que altanero no has de ser;
por la B no me has de hacer
burla para siempre ya.
La C te hará compañero   460
en mis trabajos; la D
dadivoso, por la fe
con que regalarte espero.
La F de fácil trato,
la G galán para mí,   465
la H honesto, y la I
sin pensamiento de ingrato.
Por la L liberal,
y por la M el mejor
marido que tuvo amor,   470
porque es el mayor caudal.
Por la N no serás
necio, que es fuerte castigo;
por la O sólo conmigo
todas las horas* tendrás.   475
Por la P me has de hacer obras
de padre; porque quererme
por la Q, será ponerme
en la obligación que cobras.
Por la R regalarme,   480
y por la S servirme,
por la T tenerte firme,
por la V verdad tratarme,
por la X con abiertos
brazos imitarla ansí,   *(Abrázale)*   485
y como estamos aquí
estemos después de muertos.

PERIBÁÑEZ.   Yo me ofrezco, prenda mía,
a saber este abecé.
¿Quieres más?

CASILDA.   Mi bien, no sé   490

	si me atreva el primer día	
	a pedirte un gran favor.	
PERIBÁÑEZ.	Mi amor se agravia de ti.	
CASILDA.	¿Cierto?	
PERIBÁÑEZ.	Sí.	
CASILDA.	Pues oye.	
PERIBÁÑEZ.	Di	
	cuánto se obliga* mi amor.	495
CASILDA.	El día de la Asumpción*	
	se acerca; tengo deseo	
	de ir a Toledo, y creo	
	que no es gusto, es devoción	
	de ver la imagen también	500
	del Sagrario,* que aquel día	
	sale en procesión.	
PERIBÁÑEZ.	La mía	
	es tu voluntad, mi bien.	
	Tratemos de la partida.	
CASILDA.	Ya por la G me pareces	505
	galán; tus manos mil veces	
	beso.	
PERIBÁÑEZ.	A tus primas convida,	
	y vaya un famoso carro.	
CASILDA.	¿Tanto me quieres honrar?	
PERIBÁÑEZ.	Allá te pienso comprar...	510
CASILDA.	Dilo.	
	... un vestido bizarro.	*(Entrense)*

Salga el COMENDADOR *y* LEONARDO, *criado.*

COMENDADOR.	Llámame, Leonardo, presto	
	a Luján.	
LEONARDO.	Ya le avisé,	
	pero estaba descompuesto.*	
COMENDADOR.	Vuelve a llamarle.	
LEONARDO.	Yo iré.	515
COMENDADOR.	Parte.	
LEONARDO.	[*Ap.*] (¿En qué ha de parar esto?	
	Cuando se siente mejor,	

495: cuánto se obliga] quantas se obliga A-C; cuanto es obligar D-J.

tiene más melancolía,
y se queja sin dolor.
Sospiros al aire envía: 520
¡mátenme si no es amor!)   *(Váyase)*

COMENDADOR.   Hermosa labradora,
más bella, más lucida
que ya del sol vestida
la colorada aurora;   525
sierra de blanca nieve
que los rayos de amor vencer se atreve:
    parece que cogiste
con esas blancas manos
en los campos lozanos   530
que el mayo adorna y viste
cuantas flores agora
Céfiro* engendra en el regazo a Flora.
    Yo vi los verdes prados
llamar tus plantas bellas   535
por florecer con ellas,
de su nieve pisados,
y vi de tu labranza
nacer al corazón verde esperanza.
    ¡Venturoso el villano   540
que tal agosto ha hecho
del trigo de tu pecho
con atrevida mano,
y que con blanca barba
verá en sus eras de tus hijos parva!   545
    Para tan gran tesoro
de fruto sazonado
el mismo sol dorado
te preste el carro de oro,
o el que forman estrellas,*   550
pues las del norte no serán tan bellas.
    Por su azadón trocara
mi dorada cuchilla,
a Ocaña tu casilla,*
casa en que el sol repara.   555

544:    que] D-J;   *omit.* A-C.

¡Dichoso tú, que tienes
en la troj de tu lecho tantos bienes!

Entre LUJÁN.

LUJÁN.	Perdona, que estaba el bayo
	necesitado de mí.
COMENDADOR.	Muerto estoy, matóme un rayo;

aún dura, Luján, en mí
la fuerza de aquel desmayo.

LUJÁN.   ¿Todavía persevera,
y aquella pasión te dura?

COMENDADOR.   Como va el fuego a su esfera,*
el alma a tanta hermosura
sube cobarde y ligera.
    Si quiero, Luján, hacerme
amigo deste villano,
donde el honor menos duerme
que en el sutil cortesano,
¿qué medio puede valerme?
    ¿Será bien decir que trato*
de no parecer ingrato
al deseo que mostró,
hacerle algún bien?

LUJÁN.   Si yo
quisiera bien, con recato,
    quiero decir, advertido
de un peligro conocido,
primero que a la mujer,
solicitara tener
la gracia de su marido.
    Este, aunque es hombre de bien
y honrado entre sus iguales,
se descuidará también
si le haces obras tales,
como por otros se ven.
    Que hay marido que, obligado,
procede más descuidado
en la guarda de su honor;

560

565

570

575

580

585

590

576:   hacerle] y hacerle D-E, H, J.

	que la obligación, señor,	
	descuida el mayor cuidado.	
COMENDADOR.	¿Qué le daré por primeras	
	señales?	
LUJÁN.	Si consideras	

que la obligación, señor,
descuida el mayor cuidado.

COMENDADOR. ¿Qué le daré por primeras
señales?

LUJÁN. Si consideras
lo que un labrador adulas,   595
será darle un par de mulas
más que si a Ocaña le dieras.
Este es el mayor tesoro
de un labrador. Y a su esposa,
unas arracadas de oro;   600
que con Angélica hermosa
esto escriben de Medoro:

Reinaldo fuerte en roja sangre baña*
por Angélica el campo de Agramante;
Roldán valiente, gran señor de Anglante,   605
cubre de cuerpos la marcial campaña;
la furia Malgesí del cetro engaña; *
sangriento corre el fiero Sacripante;
cuanto le pone la ocasión delante,
derriba al suelo Ferragut de España.   610
Mas, mientras los gallardos paladines
armados tiran tajos y reveses,
presentóle Medoro unos chapines,
y entre unos verdes olmos y cipreses
gozó de amor los regalados fines,   615
y la tuvo por suya trece meses.

COMENDADOR. No pintó mal el poeta
lo que puede el interés.

LUJÁN. Ten por opinión discreta
la del dar, porque al fin es   620
la más breve y más secreta.
Los servicios personales
son vistos públicamente
y dan del amor señales.
El interés diligente   625
que negocia por metales,*
dicen que lleva los pies*
todos envueltos en lana.

627: lleva] D-J; llevan A-C.

COMENDADOR.	¡Pues alto, venza interés! *
LUJÁN.	Mares y montañas allana, 630
	y tú lo verás después.
COMENDADOR.	Desde que fuiste conmigo,
	Luján, al Andalucía,
	y fui en la guerra* testigo
	de tu honra y valentía, 635
	huelgo de tratar contigo
	todas las cosas que son
	de gusto y secreto, a efeto
	de saber tu condición;
	que un hombre de bien discreto 640
	es digno de estimación
	en cualquier parte o lugar
	que le ponga su fortuna;
	y yo te pienso mudar
	deste oficio.
LUJÁN.	Si en alguna 645
	cosa te puedo agradar,
	mándame, y verás mi amor,
	que yo no puedo, señor,
	ofrecerte otras grandezas.
COMENDADOR.	Sácame destas tristezas. 650
LUJÁN.	Este es el medio mejor.
COMENDADOR.	Pues vamos, y buscarás
	el par de mulas más bello
	que él haya visto jamás.
LUJÁN.	Ponles ese yugo al cuello, 655
	que antes de un hora verás
	arar en su pecho fiero
	surcos de afición, tributo
	de que tu cosecha espero;
	que en trigo de amor, no hay fruto 660
	si no se siembra dinero. *(Váyanse)*

Salen INÉS, COSTANZA *y* CASILDA.

CASILDA.	No es tarde para partir.
INÉS.	El tiempo es bueno y es llano
	todo el camino.

COSTANZA.	En verano
	suelen muchas veces ir 665
	en diez horas, y aun en menos.
	¿Qué galas llevas, Inés?
INÉS.	Pobres y el talle que ves.
COSTANZA.	Yo llevo unos cuerpos llenos
	de pasamanos* de plata. 670
INÉS.	Desabrochado el sayuelo,*
	salen bien.
CASILDA.	De terciopelo
	sobre encarnada escarlata*
	los pienso llevar, que son
	galas de mujer casada. 675
COSTANZA.	Una basquiña* prestada
	me daba Inés, la de Antón.
	Era palmilla* gentil
	de Cuenca, si allá se teje,
	y oblígame a que la deje 680
	Menga, la de Blasco Gil,
	porque dice que el color
	no dice bien con mi cara.
INÉS.	Bien sé yo quién te prestara
	una faldilla* mejor. 685
COSTANZA.	¿Quién?
INÉS.	Casilda.
CASILDA.	Si tú quieres,
	la de grana* blanca es buena,
	o la verde, que está llena
	de vivos.*
COSTANZA.	Liberal eres
	y bien acondicionada; 690
	mas si Pedro ha de reñir,
	no te la quiero pedir,
	y guárdete Dios, casada.
CASILDA.	No es Peribáñez, Costanza,
	tan mal acondicionado. 695
INÉS.	¿Quiérete bien tu velado?*
CASILDA.	¿Tan presto temes mudanza?
	No hay en esta villa toda
	novios de placer tan ricos;

	pero aún comemos los picos	700
	de las roscas de la boda.	
INÉS.	¿Dícete muchos amores?	
CASILDA.	No sé yo cuáles son pocos;	

sé que mis sentidos locos
lo están de tantos favores.   705
   Cuando se muestra el lucero,*
viene del campo mi esposo
de su cena deseoso;
siéntele el alma primero,
   y salgo a abrille la puerta,   710
arrojando el almohadilla,
que siempre tengo en la villa*
quien mis labores concierta.
   El de la mula* se arroja,
y yo me arrojo en sus brazos;   715
tal vez de nuestros abrazos
la bestia hambrienta se enoja
   y, sintiéndola gruñir,
dice: En dándole la cena
al ganado, cara buena,   720
volverá Pedro a salir.
   Mientras él paja les echa,
ir por cebada me manda;
yo la traigo, él la zaranda
y deja la que aprovecha.   725
   Revuélvela en el pesebre,*
y allí me vuelve a abrazar,
que no hay tan bajo lugar
que el amor no le celebre.
   Salimos donde ya está   730
dándonos voces la olla,
porque el ajo y la cebolla,
fuera del olor que da
   por toda nuestra cocina,
tocan a la cobertera   735
el villano* de manera
que a bailalle nos inclina.

703: No sé yo] No yo sé D, I; Yo no sé E.
712: villa] silla D-E, H, J.
714: la mula] H; las mulas A-G, I-J.

Sácola en limpios manteles,
no en plata, aunque yo quisiera;
platos son de Talavera, 740
que están vertiendo claveles.
Aváhole* su escodilla
de sopas con tal primor,
que no la come mejor
el señor de muesa villa; 745
y él lo paga, porque a fe,
que apenas bocado toma,
de que, como a su paloma,*
lo que es mejor no me dé.
Bebe y deja la mitad, 750
bébole las fuerzas* yo,
traigo olivas, y si no,
es postre la voluntad.
Acabada la comida,
puestas las manos los dos, 755
dámosle gracias a Dios
por la merced recebida,
y vámonos a acostar,
donde le pesa al aurora
cuando se llega la hora 760
de venirnos a llamar.

INÉS.   ¡Dichosa tú, casadilla,
que en tan buen estado estás!
Ea, ya no falta más
sino salir de la villa. 765

Entre PERIBÁÑEZ.*

CASILDA.	¿Está el carro aderezado?	
PERIBÁÑEZ.	Lo mejor que puede está.	
CASILDA.	Luego ¿pueden subir ya?	
PERIBÁÑEZ.	Pena, Casilda, me ha dado	
	el ver que el carro de Bras	770
	lleva alhombra* y repostero.	
CASILDA.	Pídele a algún caballero.	
INÉS.	Al Comendador podrás.	

766: *Entre* PERIBÁÑEZ] D-J; 1. 767 A-C.

PERIBÁÑEZ.	El nos mostraba afición,	
	y pienso que nos le diera.	775
CASILDA.	¿Qué se pierde en ir?	
PERIBÁÑEZ.	Espera,	
	que a la fe que no es razón	
	que vaya sin repostero.	
INÉS.	Pues vámonos a vestir.	
CASILDA.	También le puedes pedir...	780
PERIBÁÑEZ.	¿Qué, mi Casilda?	
CASILDA.	... un sombrero.	
PERIBÁÑEZ.	Eso no.	
CASILDA.	¿Por qué? ¿Es exceso?	
PERIBÁÑEZ.	Porque plumas de señor	
	podrán darnos por favor*	
	a ti viento y a mí peso.* *(Vanse todos)*	785

Entre el COMENDADOR, *y* LUJÁN.

COMENDADOR.	Ellas son con extremo.	
LUJÁN.	Yo no he visto	
	mejores bestias, por tu vida y mía,	
	en cuantas he tratado, y no son pocas.	
COMENDADOR.	Las arracadas faltan.	
LUJÁN.	Dijo el dueño	
	que cumplen a estas yerbas* los tres años,	790
	y costaron lo mismo que le diste,	
	habrá un mes, en la feria de Mansilla,*	
	y que saben muy bien de albarda y silla.*	
COMENDADOR.	¿De qué manera, di, Luján, podremos	
	darlas a Peribáñez, su marido,	795
	que no tenga malicia en mi propósito?	
LUJÁN.	Llamándole a tu casa, y previniéndole*	
	de que estás a su amor agradecido.	
	Pero cáusame risa en ver que hagas	
	tu secretario en cosas de tu gusto	800
	un hombre de mis prendas.	
COMENDADOR.	No te espantes;	
	que sirviendo mujer de humildes prendas,	

786: Ellas son con] Bellas son por D-E, J.
790: los] D-J; *omit.* A-C.

6

es fuerza que lo trate con las tuyas.
Si sirviera una dama, hubiera dado
parte a mi secretario o mayordomo,   805
o a algunos gentilhombres de mi casa.
Estos hicieran* joyas y buscaran
cadenas de diamantes, brincos,* perlas,
telas, rasos, damascos, terciopelos,
y otras cosas extrañas y exquisitas,   810
hasta en Arabia procurar la fénix;
pero la calidad de lo que quiero
me obliga a darte parte de mis cosas,
Luján, aunque eres mi lacayo; mira
que para comprar mulas eres propio,   815
de suerte que yo trato el amor mío
de la manera misma que él me trata.

LUJÁN.   Ya que no fue tu amor, señor, discreto,
el modo de tratarle lo parece.

Entre LEONARDO.

LEONARDO.   Aquí está Peribáñez.
COMENDADOR.   ¿Quién, Leonardo?   820
LEONARDO.   Peribáñez, señor.
COMENDADOR.   ¿Qué es lo que dices?
LEONARDO.   Digo que me pregunta Peribáñez
por ti, y yo pienso bien que le conoces.
Es Peribáñez, labrador de Ocaña,
cristiano viejo y rico, hombre tenido   825
en gran veneración de sus iguales,
y que, si se quisiese alzar* agora
en esta villa, seguirán su nombre
cuantos salen al campo con su arado,
porque es, aunque villano, muy honrado.   830
LUJÁN.   ¿De qué has perdido el color?
COMENDADOR.   ¡Ay cielos!
¡Que de sólo venir el que es esposo
de una mujer que quiero bien, me sienta
descolorir, helar y temblar todo!

814:   Luján, aunque eres mi lacayo; mira] Luján; que aunque eres mi
       lacayo miro D-E; Luján; que aunque eres mi lacayo, mira J.
823:   por ti] D-J; *omit.* A-C.
833:   sienta] siento B, D-E, I-J.

LUJÁN.	Luego ¿no ternás ánimo de verle?	835
COMENDADOR.	Di que entre, que del modo que a quien ama,	

la calle, las ventanas y las rejas
agradables le son, y en las crïadas
parece que ve el rostro de su dueño,
así pienso mirar en su marido   840
la hermosura por quien estoy perdido.

PERIBÁÑEZ *con capa.*

PERIBÁÑEZ.	Dame tus generosos pies.	
COMENDADOR.	¡Oh Pedro! *	

Seas mil veces bien venido. Dame
otras tantas tus brazos.

PERIBÁÑEZ.	¡Señor mío!	

¡Tanta merced a un rústico villano   845
de los menores que en Ocaña tienes!
¡Tanta merced a un labrador!

COMENDADOR.	No eres	

indigno, Peribáñez, de mis brazos,
que, fuera de ser hombre bien nacido,
y por tu entendimiento y tus costumbres   850
honra de los vasallos de mi tierra,
te debo estar agradecido, y tanto,
cuanto ha sido por ti tener la vida,
que pienso que sin ti fuera perdida.
¿Qué quieres de esta casa?

PERIBÁÑEZ.	Señor mío,	855

yo soy, ya lo sabrás, recién casado.
Los hombres, y de bien, cual lo profeso,
hacemos, aunque pobres, el oficio
que hicieron* los galanes de palacio.
Mi mujer me ha pedido que la lleve   860
a la fiesta de agosto,* que en Toledo
es, como sabes, de su santa iglesia
celebrada de suerte que convoca
a todo el reino. Van también sus primas.
Yo, señor, tengo en casa pobres sargas,*   865
no franceses tapices de oro y seda,

836: a] D-J; *omit.* A-C.
859: hicieron] hicieran D-J.

no reposteros con doradas armas,
ni coronados de blasón y plumas
los timbres* generosos; y así, vengo
a que se digne vuestra señoría   870
de prestarme una alhombra y repostero
para adornar el carro, y le suplico
que mi ignorancia su grandeza abone,*
y como enamorado me perdone.

COMENDADOR.   ¿Estás contento, Peribáñez?
PERIBÁÑEZ.   Tanto,*   875
que no trocara a este sayal grosero
la encomienda mayor que el pecho cruza
de vuestra señoría, porque tengo
mujer honrada, y no de mala cara,
buena cristiana, humilde, y que me quiere   880
no sé si tanto como yo la quiero,
pero con más amor que mujer tuvo.

COMENDADOR.   Tenéis razón de amar a quien os ama,
por ley divina y por humanas leyes;
que a vos eso os agrada como vuestro.   885
¡Hola! Dalde el alfombra mequinesa*
con ocho reposteros de mis armas,
y pues hay ocasión para pagarle
el buen acogimiento de su casa,
adonde hallé la vida, las dos mulas   890
que compré para el coche de camino,
y a su esposa llevad las arracadas,
si el platero las tiene ya acabadas.

PERIBÁÑEZ.   Aunque bese la tierra, señor mío,
en tu nombre mil veces, no te pago   895
una mínima parte de las muchas
que debo a las mercedes que me haces.
Mi esposa y yo, hasta aquí vasallos tuyos,
desde hoy somos esclavos de tu casa.

COMENDADOR.   Ve, Leonardo, con él.
LEONARDO.   Vente conmigo.   900

                                        (Vanse)

COMENDADOR.   Luján, ¿qué te parece?
LUJÁN.   Que se viene
la ventura a tu casa.

900:    Vente] D-J;   Ven A-C.

COMENDADOR.   Escucha aparte:
el alazán al punto me adereza,
que quiero ir a Toledo rebozado,*
porque me lleva el alma esta villana.   905
LUJÁN.   ¿Seguirla quieres?
COMENDADOR.   Sí, pues me persigue,
por que este ardor con verla se mitigue.

                                     (Váyanse)

Entren con acompañamiento el REY ENRIQUE *y el* CONDES-
TABLE.*

CONDESTABLE.   Alegre está la ciudad,
y a servirte apercibida,
con la dichosa venida   910
de tu sacra majestad.
   Auméntales el placer
ser víspera de tal día.
ENRIQUE.   El deseo que tenía
me pueden agradecer.   915
   Soy de su rara hermosura
el mayor apasionado.
CONDESTABLE.   Ella, en amor y en cuidado,
notablemente procura
mostrar agradecimiento.   920
ENRIQUE.   Es otava maravilla,*
es corona de Castilla,
es su lustre y ornamento;
   es cabeza, Condestable,
de quien los miembros reciben   925
vida, con que alegres viven;
es a la vista admirable.
   Como Roma, está sentada
sobre un monte que ha vencido
los siete por quien ha sido   930
tantos siglos celebrada.
   Salgo de su santa iglesia
con admiración y amor.
CONDESTABLE.   Este milagro, señor,
vence al antiguo de Efesia.*   935

¿Piensas hallarte mañana
en la procesión?

ENRIQUE.   Iré,
para ejemplo de mi fe,
con la imagen soberana,
    que la querría obligar   940
a que rogase por mí
en esta jornada.*

UN PAJE *entre.*

PAJE.   Aquí
tus pies vienen a besar
    dos regidores, de parte
de su noble ayuntamiento.   945
ENRIQUE.   Di que lleguen.

DOS REGIDORES.

REGIDOR.   Esos pies
besa, gran señor, Toledo
y dice que, para darte
respuesta con breve acuerdo
a lo que pides, y es justo,   950
de la gente y el dinero,
juntó sus nobles, y todos,
de común consentimiento,
para la jornada ofrecen
mil hombres de todo el reino*   955
y cuarenta mil ducados.
ENRIQUE.   Mucho a Toledo agradezco
el servicio que me hace;
pero es Toledo en efeto.
¿Sois caballeros los dos?   960
REGIDOR.   Los dos somos caballeros.*
ENRIQUE.   Pues hablad al Condestable
mañana, por que Toledo
vea que en vosotros pago
la que a su nobleza debo.   965

959:    es] D-E, H-J;   *omit.* A-C, F-G.

Entren INÉS *y* COSTANZA *y* CASILDA *con sombreros de borlas
y vestidos de labradoras a uso de la Sagra* y* PERIBÁÑEZ *y el*
COMENDADOR, *de camino, detrás.*

INÉS.	Pardiez, que tengo de verle,	
	pues hemos venido a tiempo	
	que está el Rey en la ciudad.	
COSTANZA.	¡Oh qué gallardo mancebo!	
INÉS.	Este llaman don Enrique	970
	Tercero.	
CASILDA.	¡Qué buen tercero! *	
PERIBÁÑEZ.	Es hijo del Rey don Juan	
	el Primero, y así, es nieto	
	del Segundo don Enrique,*	
	el que mató al Rey don Pedro,	975
	que fue Guzmán por la madre,	
	y valiente caballero;	
	aunque más lo fue el hermano,	
	pero, cayendo en el suelo,*	
	valióse de la fortuna,	980
	y de los brazos asiendo,	
	a Enrique le dio la daga,	
	que agora se ha vuelto cetro.	
INÉS.	¿Quién es aquél tan erguido	
	que habla con él?	
PERIBÁÑEZ.	Cuando menos	985
	el Condestable.	
CASILDA.	¿Que son*	
	los reyes de carne y hueso?	
COSTANZA.	Pues ¿de qué pensabas tú?	
CASILDA.	De damasco o terciopelo.	
COSTANZA.	¡Sí que eres boba en verdad!	990
COMENDADOR.	[*Ap.*] (Como sombra voy siguiendo	
	el sol de aquesta villana,	
	y con tanto atrevimiento,	
	que de la gente del Rey	
	el ser conocido temo.	995
	Pero ya se va al alcázar.)	

966:   *vestidos*] *vestidas* D-F, H, J.
980-1:   valióse de ... / y de los brazos asiendo] volviósele ... / que los
        brazos desasiendo D-E, H, J.

Vase el REY *y su gente.*

INÉS.	¡Hola! El Rey se va.
COSTANZA.	Tan presto,

que aún no he podido saber
si es barbirrubio o taheño.

INÉS.   Los reyes son a la vista,   1000
Costanza, por el respeto,
imágenes de milagros,
porque siempre que los vemos,
de otra color nos parecen.

LUJÁN *entre con un* PINTOR.

LUJÁN.	Aquí está.
PINTOR.	¿Cuál dellos?
LUJÁN.	¡Quedo! 1005

Señor, aquí está el pintor.

COMENDADOR.	¡Oh amigo!
PINTOR.	A servirte vengo.
COMENDADOR.	¿Traes el naipe* y colores?
PINTOR.	Sabiendo tu pensamiento,

colores y naipe traigo.   1010

COMENDADOR.   Pues con notable secreto,
de aquellas tres labradoras
me retrata la de en medio,
luego que en cualquier lugar
tomen con espacio asiento.   1015

PINTOR.   Que será dificultoso
temo, pero yo me atrevo*
a que se parezca mucho.

COMENDADOR.   Pues advierte lo que quiero.
Si se parece en el naipe,   1020
deste retrato pequeño
quiero que hagas uno grande
con más espacio en un lienzo.

PINTOR.	¿Quiéresle entero?
COMENDADOR.	No tanto;

999:   taheño] D-F, H-J;   tahecho A-C, G.
1005:   dellos] dellas D-E, J.

	basta que de medio cuerpo,	1025
	mas con las mismas patenas,*	
	sartas,* camisa y sayuelo.	
LUJÁN.	Allí se sientan a ver	
	la gente.	
PINTOR.	Ocasión tenemos.	
	Yo haré el retrato.	
PERIBÁÑEZ.	Casilda,	1030
	tomemos aqueste asiento	
	para ver las luminarias.	
INÉS.	Dicen que al ayuntamiento	
	traerán bueyes esta noche.	
CASILDA.	Vamos, que aquí los veremos	1035
	sin peligro y sin estorbo.	
COMENDADOR.	Retrata, pintor, al cielo	
	todo bordado de nubes,	
	y retrata un prado ameno	
	todo cubierto de flores.	1040
PINTOR.	Cierto que es bella en extremo.	
LUJÁN.	Tan bella* que está mi amo	
	todo cubierto de vello,*	
	de convertido en salvaje.	
PINTOR.	La luz faltará muy presto.	1045
COMENDADOR.	No lo temas, que otro sol	
	tiene en sus ojos serenos,	
	siendo estrellas para ti,	
	para mí rayos de fuego.	

Fin del primer acto.

ACTO SEGUNDO

Cuatro labradores: BLAS, GIL, ANTÓN, BENITO.

BENITO.	Yo soy deste parecer.	1050
GIL.	Pues asentaos y escribildo.	
ANTÓN.	Mal hacemos en hacer	
	entre tan pocos cabildo.	
BENITO.	Ya se llamó desde ayer.	
BLAS.	Mil faltas se han conocido	1055
	en esta fiesta pasada.	
GIL.	Puesto, señores, que* ha sido	
	la procesión tan honrada	
	y el santo tan bien servido,	
	debemos considerar	1060
	que parece mal faltar	
	en tan noble cofradía	
	lo que agora se podría	
	fácilmente remediar.	
	Y cierto que, pues que toca*	1065
	a todos un mal que daña	
	generalmente, que es poca	
	devoción de toda Ocaña,	
	y a toda España provoca,	
	de nuestro santo patrón,	1070
	Roque, vemos cada día	
	aumentar la devoción	
	una y otra cofradía,	
	una y otra procesión	
	en el reino de Toledo.	1075
	Pues ¿por qué tenemos miedo	
	a ningún gasto?	
BENITO.	No ha sido	
	sino descuido y olvido.	

Entre PERIBÁÑEZ.

PERIBÁÑEZ.	Si en algo serviros puedo,	
	veisme aquí, si ya no es tarde.	1080

BLAS.	Peribáñez, Dios os guarde,
	gran falta nos habéis hecho.
PERIBÁÑEZ.	El no seros de provecho
	me tiene siempre cobarde.
BENITO.	Toma asiento junto a mí. 1085
GIL.	¿Dónde has estado?
PERIBÁÑEZ.	En Toledo,
	que a ver con mi esposa fui
	la fiesta.
ANTÓN.	¿Gran cosa?
PERIBÁÑEZ.	Puedo
	decir, señores, que vi
	un cielo en ver en el suelo 1090
	su santa iglesia, y la imagen
	que ser más bella recelo,*
	si no es que a pintarla bajen
	los escultores del cielo;
	porque, quien la verdadera 1095
	no haya visto en la alta esfera
	del trono en que está sentada,
	no podrá igualar en nada
	lo que Toledo venera.
	Hízose la procesión 1100
	con aquella majestad
	que suelen, y que es razón,
	añadiendo autoridad
	el Rey en esta ocasión.
	Pasaba al Andalucía 1105
	para proseguir la guerra.
GIL.	Mucho nuestra cofradía
	sin vos en mil cosas yerra.
PERIBÁÑEZ.	Pensé venir otro día*
	y hallarme a la procesión 1110
	de nuestro Roque divino,
	pero fue vana intención,
	porque mi Casilda vino
	con tan devota intención,
	que hasta que pasó la octava* 1115
	no pude hacella venir.
GIL.	¿Que allá el señor Rey estaba?

1096:   la] D-J;   *omit.* A-C.

PERIBÁÑEZ.   Y el Maestre, oí decir,
                   de Alcántara y Calatrava.*
                        ¡Brava jornada aperciben!   1120
                   No ha de quedar moro en pie
                   de cuantos beben y viven
                   el Betis,* aunque bien sé
                   del modo que los reciben.*
                        Pero, esto aparte dejando,   1125
                   ¿de qué estábades tratando?
BENITO.   De la nuestra cofradía
                   de San Roque, y, a fe mía,
                   que el ver que has llegado cuando
                        mayordomo* están haciendo,   1130
                   me ha dado, Pedro, a pensar
                   que vienes a serlo.
ANTÓN.   En viendo
                   a Peribáñez entrar,
                   lo mismo estaba diciendo.
BLAS.   ¿Quién lo ha de contradecir?   1135
GIL.   Por mí digo que lo sea,
                   y en la fiesta por venir
                   se ponga cuidado y vea
                   lo que es menester pedir.
PERIBÁÑEZ.   Aunque por recién casado   1140
                   replicar* fuera razón,
                   puesto que me habéis honrado,
                   agravio mi devoción
                   huyendo el rostro* al cuidado.
                        Y por servir a San Roque,   1145
                   la mayordomía aceto
                   para que más me provoque
                   a su servicio.
ANTÓN.   En efeto,
                   haréis mejor lo que toque.
PERIBÁÑEZ.   ¿Qué es lo que falta de hacer?   1150
BENITO.   Yo quisiera proponer
                   que otro San Roque se hiciese
                   más grande, por que tuviese
                   más vista.
PERIBÁÑEZ.   Buen parecer.
                   ¿Qué dice Gil?

GIL.   Que es razón,   1155
que es viejo y chico el que tiene
la cofradía.
PERIBÁÑEZ.   ¿Y Antón?
ANTÓN.   Que hacerle grande conviene,
y que ponga devoción.
    Está todo desollado   1160
el perro, y el panecillo
más de la mitad quitado,
y el ángel,* quiero decillo,
todo abierto por un lado.
    Y a los dos dedos, que son   1165
con que da la bendición,
falta más de la mitad.
PERIBÁÑEZ.   Blas, ¿qué diz?
BLAS.   Que a la ciudad
vayan hoy Pedro y Antón,
    y hagan aderezar   1170
el viejo a algún buen pintor,
porque no es justo gastar
ni hacerlo agora mayor,
pudiéndole renovar.
PERIBÁÑEZ.   Blas dice bien, pues está   1175
tan pobre la cofradía;
mas ¿cómo se llevará?
ANTÓN.   En vuesa pollina o mía
sin daño y golpes irá
    de una sábana cubierto.   1180
PERIBÁÑEZ.   Pues esto baste por hoy,
si he de ir a Toledo.
BLAS.   Advierto
que este parecer que doy
no lleva engaño encubierto;
    que, si se ofrece gastar,   1185
cuando* Roque se volviera
San Cristóbal, sabré dar
mi parte.
GIL.   Cuando eso fuera,*
¿quién se pudiera excusar?

1163:   ángel] santo D-E.
1167:   de] B-J; da A.

PERIBÁÑEZ.	Pues vamos, Antón, que quiero	1190
	despedirme de mi esposa.	
ANTÓN.	Yo con la imagen te espero.	
PERIBÁÑEZ.	Llamará Casilda hermosa	
	este mi amor lisonjero; *	
	que, aunque desculpado quedo	1195
	con que el cabildo me ruega,	
	pienso que enojarla puedo,	
	pues en tiempo de la siega	
	me voy de Ocaña a Toledo. *(Entrense)*	

Salen el COMENDADOR *y* LEONARDO.

COMENDADOR.	Cuéntame el suceso todo.	1200
LEONARDO.	Si de algún provecho es	
	haber conquistado a Inés,	
	pasa, señor, deste modo.	
	Vino de Toledo a Ocaña	
	Inés con tu labradora,	1205
	como de su sol aurora,	
	más blanda y menos extraña.*	
	Pasé sus calles las veces	
	que pude, aunque con recato,	
	porque en gente de aquel trato*	1210
	hay maliciosos jüeces.	
	Al baile salió una fiesta,	
	ocasión de hablarla hallé;	
	habléla de amor y fue	
	la vergüenza la respuesta.	1215
	Pero saliendo otro día	
	a las eras, pude hablalla,	
	y en el camino contalla	
	la fingida pena mía.	
	Ya entonces más libremente	1220
	mis palabras escuchó,	
	y pagarme prometió	
	mi afición honestamente,	
	porque yo le di a entender	

1204:   de Toledo a Ocaña] a Ocaña de Toledo D.

	que ser mi esposa podría,	1225
	aunque ella mucho temía	
	lo que era razón temer.	
	Pero aseguréla yo	
	que tú, si era tu* contento,	
	harías el casamiento,	1230
	y de otra manera no.	
	Con esto está de manera	
	que si a Casilda ha de haber	
	puerta, por aquí ha de ser,	
	que es prima y es bachillera.	1235
COMENDADOR.	¡Ay Leonardo! ¡Si mi suerte	
	al imposible inhumano	
	de aqueste desdén villano,	
	roca del mar siempre fuerte,	
	hallase fácil camino!	1240
LEONARDO.	¿Tan ingrata te responde?	
COMENDADOR.	Seguíla, ya sabes dónde,*	
	sombra de su sol divino,	
	y, en viendo que me quitaba	
	el rebozo, era de suerte	1245
	que, como de ver la muerte,	
	de mi rostro se espantaba.	
	Ya le salían colores	
	al rostro, ya se teñía	
	de blanca nieve y hacía	1250
	su furia y desdén mayores.	
	Con efetos desiguales	
	yo, con los humildes ojos,	
	mostraba que sus enojos	
	me daban golpes mortales.	1255
	En todo me parecía	
	que aumentaba su hermosura,	
	y atrevióse mi locura,	
	Leonardo, a llamar un día	
	un pintor, que retrató	1260
	en un naipe su desdén.	
LEONARDO.	Y ¿parecióse?	
COMENDADOR.	Tan bien,	
	que después me le pasó	

1229: tu] su A-J.

a un lienzo grande, que quiero
tener donde siempre esté   1265
a mis ojos, y me dé
más favor que el verdadero.
Pienso que estará acabado,
tú irás por él a Toledo;
pues con el vivo no puedo,   1270
viviré con el pintado.

LEONARDO.   Iré a servirte, aunque siento
que te aflijas por mujer
que la tardas en vencer
lo que ella en saber tu intento.   1275
Déjame hablar con Inés,
que verás lo que sucede.

COMENDADOR.   Si ella lo que dices puede,*
no tiene el mundo interés...

LUJÁN *entre como segador.*

LUJÁN.   ¿Estás solo?
COMENDADOR.   ¡Oh buen Luján!   1280
Sólo está Leonardo aquí.
LUJÁN.   ¡Albricias,* señor!
COMENDADOR.   Si a ti
deseos no te las dan...
¿Qué hacienda tengo en Ocaña?*
LUJÁN.   En forma de segador,   1285
a Peribáñez, señor
(tanto el apariencia engaña),
pedí jornal en su trigo,
y, desconocido, estoy
en su casa desde hoy.   1290
COMENDADOR.   ¡Quién fuera, Luján, contigo!
LUJÁN.   Mañana, al salir la aurora,
hemos de ir los segadores
al campo; mas tus amores
tienen gran remedio agora   1295
que Peribáñez es ido
a Toledo, y te ha dejado

1284:   ¿Qué hacienda tengo en Ocaña?] H; ∧Que hacienda tengo en
Ocaña∧ A-C, F-G, I; ∧hacienda tengo en ∧Ocaña D-E, J.

esta noche a mi cuidado;
porque, en estando dormido
   el escuadrón de la siega   1300
alrededor del portal,
en sintiendo que al umbral
tu seña o tu planta llega,
   abra la puerta, y te adiestre
por donde vayas a ver   1305
esta invencible mujer.

COMENDADOR. ¿Cómo quieres que te muestre
   debido agradecimiento
Luján, de tanto favor?

LUJÁN. Es el tesoro mayor*   1310
del alma el entendimiento.

COMENDADOR.   ¡Por qué camino tan llano
has dado a mi mal remedio!
Pues no estando de por medio
aquel celoso villano,   1315
   y abriéndome tú la puerta
al dormir los segadores,
queda en mis locos amores
la de mi esperanza abierta.
   ¡Brava ventura he tenido   1320
no sólo en que se partiese,
pero de que no te hubiese
por el disfraz conocido!
   ¿Has mirado bien la casa?

LUJÁN. Y ¡cómo si la miré!   1325
Hasta el aposento entré
del sol que tu pecho abrasa.

COMENDADOR.   ¿Que has entrado a su aposento?
¿Que de tan divino sol
fuiste Faetón* español?   1330
¡Espantoso atrevimiento!
   ¿Qué hacía aquel ángel bello?

LUJÁN. Labor en un limpio estrado,*
no de seda ni brocado,
aunque pudiera tenello,   1335
   mas de azul guadamecí*
con unos vivos dorados
que, en vez de borlas, cortados

7

	por las cuatro esquinas vi.	
	Y como en toda Castilla	1340
	dicen del agosto ya	
	que el frío en el rostro da,*	
	y ha llovido en nuestra villa,	
	o por verse caballeros	
	antes del invierno frío,	1345
	sus paredes, señor mío,	
	sustentan tus reposteros.	
	Tanto, que dije entre mí,	
	viendo tus armas honradas:	
	Rendidas, que no colgadas,*	1350
	pues amor lo quiere ansí.	
COMENDADOR.	Antes ellas te advirtieron	
	de que en aquella ocasión	
	tomaban la posesión	
	de la conquista que hicieron;	1355
	porque, donde están colgadas,	
	lejos están de rendidas.	
	Pero, cuando fueran vidas,	
	las doy por bien empleadas.	
	Vuelve, no te vean aquí,	1360
	que, mientras me voy a armar,	
	querrá la noche llegar	
	para dolerse de mí.	
LUJÁN.	¿Ha de ir Leonardo contigo?	
COMENDADOR.	Paréceme discreción,	1365
	porque en cualquiera ocasión*	
	es bueno al lado un amigo.	*(Vanse)*

Entran CASILDA *y* INÉS.

CASILDA.	Conmigo te has de quedar	
	esta noche, por tu vida.	
INÉS.	Licencia es razón que pida.	1370
	Desto no te has de agraviar,	
	que son padres en efeto.	
CASILDA.	Enviaréles un recaudo,	
	por que no estén con cuidado,	
	que ya es tarde, te prometo.*	1375

INÉS.	Trázalo como te dé más gusto, prima querida.
CASILDA.	No me habrás hecho en tu vida mayor placer, a la fe. Esto debes a mi amor.
INÉS.	Estás, Casilda, enseñada a dormir acompañada; no hay duda, tendrás temor. Y yo mal podré suplir la falta de tu velado, que es mozo, a la fe, chapado* y para hacer y decir. Yo, si viese* algún rüido, cuéntame por desmayada. Tiemblo una espada envainada; desnuda, pierdo el sentido.
CASILDA.	No hay en casa qué temer, que duermen en el portal los segadores.
INÉS.	Tu mal soledad debe de ser, y temes que estos desvelos te quiten el sueño.
CASILDA.	Aciertas,* que los desvelos son puertas para que pasen los celos desde el amor al temor y en comenzando a temer, no hay más dormir que poner con celos remedio a amor.
INÉS.	Pues ¿qué ocasión puede darte en Toledo?
CASILDA.	¿Tú no ves que celos es aire, Inés, que vienen de cualquier parte?
[INÉS.]	Que de Medina venía* oí yo siempre cantar.
CASILDA.	¿Y Toledo no es lugar de adonde venir podría?
INÉS.	Grandes hermosuras tiene.
CASILDA.	Ahora bien, vente a cenar.

1380

1385

1390

1395

1400

1405

1410

LLORENTE y MENDO, *segadores.*

LLORENTE.	A quien ha de madrugar	
	dormir luego le conviene.	1415
MENDO.	Digo que muy justo es.	
	Los ranchos* pueden hacerse.	
CASILDA.	Ya vienen a recogerse	
	los segadores, Inés.	
INÉS.	Pues vamos, y a Sancho avisa*	1420
	el cuidado de la huerta.	*(Vanse)*
LLORENTE.	Muesama acude a la puerta.	
	Andará dándonos prisa	
	por no estar aquí su dueño.	

Entren BARTOLO y CHAPARRO, *segadores.*

BARTOLO.	Al alba he de haber segado	1425
	todo el repecho del prado.	
CHAPARRO.	Si diere licencia el sueño.	
	Buenas noches os dé Dios,	
	Mendo y Llorente.	
MENDO.	El sosiego	
	no será mucho si luego	1430
	habemos de andar los dos	
	con las hoces a destajo,	
	aquí manada,* aquí corte.	
CHAPARRO.	Pardiez, Mendo, cuando importe,*	
	bien luce el justo trabajo.	1435
	Sentaos y, antes de dormir,	
	o cantemos o contemos	
	algo de nuevo y podremos	
	en esto nos divertir.	
BARTOLO.	¿Tan dormido estáis, Llorente?	1440
LLORENTE.	Pardiez, Bartol, que quisiera	
	que en un año amaneciera	
	cuatro veces solamente.	

HELIPE y LUJÁN, *segadores.*

HELIPE.	¿Hay para todos lugar?	
MENDO.	¡Oh Helipe!* Bien venido.	1445

LUJÁN.   Y yo, si lugar os pido,
              ¿podréle por dicha hallar?
CHAPARRO.   No faltará para vos.
              Aconchaos* junto la puerta.
BARTOLO.   Cantar algo se concierta.   1450
CHAPARRO.   Y aun contar algo, por Dios.
LUJÁN.   Quien supiere un lindo cuento,
              póngale luego en el corro.
CHAPARRO.   De mi capote me ahorro*
              y para escuchar me asiento.   1455
LUJÁN.   Va primero de canción,
              y luego diré una historia
              que me viene a la memoria.
MENDO.   Cantad.
LLORENTE.   Ya comienzo el son.

Canten con las guitarras.

Cantan.   *Trébole, ¡ay Jesús, cómo güele!**   1460
              Trébole, ¡ay Jesús, qué olor!

                Trébole de la casada,
              que a su esposo quiere bien;
              de la doncella también,
              entre paredes guardada,   1465
              que, fácilmente engañada,
              sigue su primero amor.
              Trébole, ¡ay Jesús, cómo güele!
              Trébole, ¡ay Jesús, qué olor!

                Trébole de la soltera,   1470
              que tantos amores muda;
              trébole de la vïuda,
              que otra vez casarse espera,
              tocas blancas por defuera*
              y el faldellín de color.   1475
              Trébole, ¡ay Jesús, cómo güele!
              Trébole, ¡ay Jesús, qué olor!

LUJÁN.   Parecen que se han dormido.
              No tenéis ya que cantar.

LLORENTE.   Yo me quiero recostar,   1480
            aunque no en trébol florido.
LUJÁN.   ¿Qué me detengo? Ya están
            los segadores durmiendo.
            Noche, este amor te encomiendo.
            Prisa los silbos* me dan.   1485
               La puerta le quiero abrir.
            ¿Eres tú, señor?

Entren el COMENDADOR *y* LEONARDO.

COMENDADOR.   Yo soy.
LUJÁN.   Entra presto.
COMENDADOR.   Dentro estoy.
LUJÁN.   Ya comienzan a dormir.
               Seguro por ellos pasa,   1490
            que un carro puede pasar
            sin que puedan despertar.
COMENDADOR. Luján, yo no sé la casa.
            Al aposento me guía.
LUJÁN.   Quédese Leonardo aquí.   1495
LEONARDO.   Que me place.
LUJÁN.   Ven tras mí.
COMENDADOR. ¡Oh amor! ¡Oh fortuna mía!
               ¡Dame próspero suceso!   *(Vanse)*
LLORENTE.   ¡Hola, Mendo!
MENDO.   ¿Qué hay, Llorente?
LLORENTE.   En casa anda gente.
MENDO.   ¿Gente?   1500
            Que lo temí te confieso.
               ¿Así se guarda el decoro
            a Peribáñez?
LLORENTE.   No sé.
            Sé que no es gente de a pie.*
MENDO.   ¿Cómo?
LLORENTE.   Trae capa con oro.   1505
MENDO.   ¿Con oro? Mátenme aquí
            si no es el Comendador.*
LLORENTE.   Demos voces.
MENDO.   ¿No es mejor
            callar?*

LLORENTE.   Sospecho que sí.
                    Pero ¿de qué sabes que es   1510
                    el Comendador?
MENDO.   No hubiera*
                    en Ocaña quien pusiera
                    tan atrevidos los pies,
                    ni aun el pensamiento, aquí.
LLORENTE.   Esto es casar con mujer   1515
                    hermosa.
MENDO.   ¿No puede ser
                    que ella esté sin culpa?
LLORENTE.   Sí.
                    Ya vuelven. Hazte dormido.

[*Entren el* COMENDADOR *y* LUJÁN.]

COMENDADOR.   ¡Ce! ¡Leonardo!
LEONARDO.   ¿Qué hay, señor?
COMENDADOR.   Perdí la ocasión mejor   1520
                    que pudiera haber tenido.
LEONARDO.   ¿Cómo?
COMENDADOR.   Ha cerrado y muy bien
                    el aposento esta fiera.
LEONARDO.   Llama.
COMENDADOR.   ¡Si gente no hubiera...!
                    Mas despertarán también.   1525
LEONARDO.   No harán, que son segadores,
                    y el vino y cansancio son
                    candados de la razón
                    y sentidos exteriores.
                       Pero escucha, que han abierto   1530
                    la ventana del portal.
COMENDADOR.   Todo me sucede mal.
LEONARDO.   ¿Si es ella?
COMENDADOR.   Tenlo por cierto.

A la ventana con un rebozo, CASILDA.

CASILDA.   ¿Es hora de madrugar,
                    amigos?

COMENDADOR.   Señora mía,   1535
ya se va acercando el día
y es tiempo de ir a segar.
        Demás que, saliendo vos,
sale el sol, y es tarde ya.
        Lástima a todos nos da   1540
de veros sola, por Dios.
        No os quiere bien vuestro esposo,
pues a Toledo se fue
y os deja una noche. A fe
que si fuera tan dichoso   1545
        el Comendador de Ocaña
(que sé yo que os quiere bien,
aunque le mostráis desdén
y sois con él tan extraña),
        que no os dejara, aunque el Rey   1550
por sus cartas le llamara;
que dejar sola esa cara
nunca fue de amantes ley.

CASILDA.   Labrador de lejas tierras,*
que has venido a nuesa villa   1555
convidado del agosto,
¿quién te dio tanta malicia?
Ponte tu tosca antipara,*
del hombro el gabán derriba,
la hoz menuda en el cuello,   1560
los dediles* en la cinta.
Madruga al salir del alba,
mira que te llama el día,
ata las manadas secas
sin maltratar las espigas.   1565
Cuando salgan las estrellas,
a tu descanso camina,
y no te metas en cosas
de que algún mal se te siga.
El Comendador de Ocaña*   1570
servirá dama de estima,
no con sayuelo de grana
ni con saya de palmilla.
Copete* traerá rizado,
gorguera* de holanda fina,   1575

no cofia de pinos* tosca,
y toca de argentería.*
En coche o silla de seda
los disantos* irá a misa,
no vendrá en carro de estacas 1580
de los campos a las viñas.
Dirále en cartas discretas*
requiebros a maravilla,
no labradores desdenes
envueltos en señorías. 1585
Olerále a guantes de ámbar,*
a perfumes y pastillas,*
no a tomillo ni cantueso,*
poleo* y zarzas floridas.
Y cuando el Comendador 1590
me amase como a su vida,
y se diesen virtud y honra
por amorosas mentiras,
más quiero yo a Peribáñcz
con su capa la pardilla* 1595
que al Comendador de Ocaña
con la suya guarnecida.
Más precio verle venir
en su yegua la tordilla,
la barba llena de escarcha 1600
y de nieve la camisa,
la ballesta atravesada,
y del arzón de la silla
dos perdices o conejos,
y el podenco de traílla, 1605
que ver al Comendador
con gorra de seda rica,
y cubiertos de diamantes
los brahones* y capilla;
que más devoción me causa 1610
la cruz de piedra en la ermita,
que la roja de Santiago
en su bordada ropilla.*
Vete, pues, el segador,
mala fuese la tu dicha, 1615
que si Peribáñez viene
no verás la luz del día.

COMENDADOR.	Quedo, señora. ¡Señora!	
	Casilda, amores, Casilda,	
	yo soy el Comendador;	1620
	abridme, por vuestra vida.	
	Mirad que tengo que daros	
	dos sartas de perlas finas	
	y una cadena esmaltada	
	de más peso que la mía.	1625
CASILDA.	Segadores de mi casa,	
	no durmáis, que con su risa	
	os está llamando el alba.	
	Ea, relinchos y grita,	
	que al que a la tarde viniere	1630
	con más manadas cogidas,	
	le mando el sombrero grande	
	con que va Pedro a las viñas.	

Quítase de la ventana.

MENDO.	Llorente, muesa ama llama.	
LUJÁN.	Huye, señor, huye aprisa,	1635
	que te ha de ver esta gente.	
COMENDADOR.	¡Ah crüel sierpe de Libia! *	
	Pues aunque gaste mi hacienda,	
	mi honor, mi sangre y mi vida,	
	he de rendir tus desdenes,	1640
	tengo de vencer tus iras.	

Vase el COMENDADOR, [LUJÁN y LEONARDO].

BARTOLO.	Yérguete cedo,* Chaparro,	
	que viene a gran prisa el día.	
CHAPARRO.	Ea, Helipe, que es muy tarde.	
HELIPE.	Pardiez, Bartol, que se miran	1645
	todos los montes bañados	
	de blanca luz por encima.	
LLORENTE.	Seguidme todos, amigos,	
	porque muesama no diga	

1639:   y mi vida] y vida D-E.

que porque muesamo falta 1650
andan las hoces baldías.

Entrense todos relinchando.

Entren PERIBÁÑEZ *y el* PINTOR *y* ANTÓN.

PERIBÁÑEZ.   Entre las tablas que vi
de devoción o retratos,
adonde menos ingratos
los pinceles conocí, 1655
    una he visto que me agrada
o porque tiene primor,
o porque soy labrador
y lo es también la pintada.
    Y pues ya se concertó 1660
el aderezo del santo,
reciba yo favor tanto
que vuelva a mirarla yo.
PINTOR.   Vos tenéis mucha razón,
que es bella la labradora. 1665
PERIBÁÑEZ.   Quitalda del clavo ahora,
que quiero enseñarla a Antón.
ANTÓN.   Ya la vi, mas, si queréis,
también holgaré de vella.
PERIBÁÑEZ.   Id, por mi vida, por ella. 1670
PINTOR.   Yo voy.   [*Vase*]
PERIBÁÑEZ.   Un ángel veréis.
ANTÓN.   Bien sé yo por qué miráis
la villana con cuidado.
PERIBÁÑEZ.   Sólo el traje me le ha dado,
que en el gusto os engañáis. 1675
ANTÓN.   Pienso que os ha parecido
que parece a vuestra esposa.
PERIBÁÑEZ.   ¿Es Casilda tan hermosa?
ANTÓN.   Pedro, vos sois su marido,
    a vos os está más bien 1680
alaballa que no a mí.

El PINTOR *con el retrato de* CASILDA, *grande.*

PINTOR.	La labradora está aquí.
PERIBÁÑEZ.	[*Ap.*] (Y mi deshonra también.)
PINTOR.	¿Qué os parece?
PERIBÁÑEZ.	Que es notable.

¿No os agrada, Antón?

ANTÓN.   Es cosa   1685
a vuestros ojos hermosa
y a los del mundo admirable.

PERIBÁÑEZ.   Id, Antón, a la posada
y ensillad mientras que voy.

ANTÓN.   [*Ap.*] (Puesto que inorante soy,   1690
Casilda es la retratada,
 y el pobre de Pedro está
abrasándose de celos.)
Adiós.   *(Váyase Antón)*

PERIBÁÑEZ.   No han hecho los cielos
cosa, señor, como ésta.*   1695
 ¡Bellos ojos! ¡Linda boca!
¿De dónde es esta mujer?

PINTOR.   No acertarla a conocer
a imaginar me provoca
 que no está bien retratada   1700
porque donde vos nació.

PERIBÁÑEZ.   ¿En Ocaña?

PINTOR.   Sí.

PERIBÁÑEZ.   Pues yo
conozco una desposada
 a quien algo se parece.

PINTOR.   Yo no sé quién es, mas sé   1705
que a hurto la retraté,
no como agora se ofrece,
 mas en un naipe. De allí
a este lienzo la he pasado.

PERIBÁÑEZ.   Ya sé quién la ha retratado.   1710
Si acierto, ¿diréislo?

PINTOR.   Sí.

PERIBÁÑEZ.   El Comendador de Ocaña.

PINTOR.   Por saber que ella no sabe
el amor de hombre tan grave,
que es de lo mejor de España,   1715

	me atrevo a decir que es él.	
PERIBÁÑEZ.	Luego ¿ella no es sabidora?	
PINTOR.	Como vos antes de agora;	
	antes, por ser tan fïel,	
	tanto trabajo costó	1720
	el poderla retratar.	
PERIBÁÑEZ.	¿Queréismela a mí fiar,*	
	y llevarésela yo?	
PINTOR.	No me han pagado el dinero.	
PERIBÁÑEZ.	Yo os daré todo el valor.	1725
PINTOR.	Temo que el Comendador	
	se enoje, y mañana espero	
	un lacayo suyo aquí.	
PERIBÁÑEZ.	Pues ¿sábelo ese lacayo?	
PINTOR.	Anda veloz como un rayo	1730
	por rendirla.	
PERIBÁÑEZ.	Ayer le vi,*	
	y le quise conocer.	
PINTOR.	¿Mandáis otra cosa?	
PERIBÁÑEZ.	En tanto	
	que nos reparáis el santo,	
	tengo de venir a ver	1735
	mil veces este retrato.	
PINTOR.	Como fuéredes servido.	
	Adiós. *(Vase el Pintor)*	
PERIBÁÑEZ.	¿Qué he visto y oído,	
	cielo airado, tiempo ingrato?	
	Mas si deste falso trato*	1740
	no es cómplice mi mujer,	
	¿cómo doy a conocer	
	mi pensamiento ofendido?	
	Porque celos de marido	
	no se han de dar a entender.	1745
	Basta que el Comendador	
	a mi mujer solicita,	
	basta que el honor me quita,	
	debiéndome dar honor.	
	Soy vasallo, es mi señor,	1750
	vivo en su amparo y defensa;	
	si en quitarme el honor piensa,	
	quitaréle yo la vida,	

que la ofensa acometida
ya tiene fuerza de ofensa.   1755
    Erré en casarme, pensando*
que era una hermosa mujer
toda la vida un placer
que estaba el alma pasando;
pues no imaginé que, cuando   1760
la riqueza poderosa
me la mirara envidiosa,
la codiciara también.
    ¡Mal haya el humilde, amén,
que busca mujer hermosa!   1765
    Don Fadrique me retrata
a mi mujer, luego ya
haciendo debujo está
contra el honor que me mata.
Si pintada me maltrata   1770
la honra, es cosa forzosa
que venga a estar peligrosa
la verdadera también.
    ¡Mal haya el humilde, amén,
que busca mujer hermosa!   1775
    Mal lo miró mi humildad
en buscar tanta hermosura,
mas la virtud asegura
la mayor dificultad.
Retirarme a mi heredad   1780
es dar puerta vergonzosa
a quien cuanto escucha glosa*
y trueca en mal todo el bien.
    ¡Mal haya el humilde, amén,
que busca mujer hermosa!   1785
    Pues también salir de Ocaña
es el mismo inconveniente,
y mi hacienda no consiente
que viva por tierra estraña.
Cuanto me ayuda me daña.*   1790
Pero hablaré con mi esposa,
aunque es ocasión odiosa
pedirle celos también.

Mal haya el humilde, amén,*
que busca mujer hermosa! *(Vase)* 1795

Entren LEONARDO *y el* COMENDADOR.

COMENDADOR. Por esta carta, como digo, manda
su majestad, Leonardo, que le envíe
de Ocaña y de su tierra alguna gente.
LEONARDO. ¿Y qué piensas hacer?
COMENDADOR. Que se echen bandos
y que se alisten de valientes mozos 1800
hasta doscientos hombres, repartidos
en dos lucidas compañías, ciento
de gente labradora y ciento hidalgos.
LEONARDO. ¿Y no será mejor hidalgos todos?
COMENDADOR. No caminas al paso de mi intento, 1805
y así vas lejos de mi pensamiento.
Destos cien labradores hacer quiero
cabeza y capitán a Peribáñez,
y con esta invención tenelle ausente.
LEONARDO. ¡Estrañas cosas piensan los amantes! 1810
COMENDADOR. Amor es guerra* y cuanto piensa, ardides.
¿Si habrá venido ya?
LEONARDO. Luján me dijo
que a comer le esperaban y que estaba
Casilda llena de congoja y miedo.
Supe después de Inés que no diría* 1815
cosa de lo pasado aquella noche
y que, de acuerdo de las dos, pensaba
disimular, por no causarle pena;
a que, viéndola triste y afligida,
no se atreviese a declarar su pecho, 1820
lo que después para servirte haría.
COMENDADOR. ¡Rigurosa mujer! ¡Maldiga el cielo
el punto en que caí, pues no he podido
desde entonces, Leonardo, levantarme
de los umbrales de su puerta!
LEONARDO. Calla, 1825
que más fuerte era Troya y la conquista
derribó sus murallas por el suelo.

Son estas labradoras encogidas
y, por hallarse indignas, las más veces
niegan, señor, lo mismo que desean. 1830
Ausenta a su marido honradamente,
que tú verás el fin de tu deseo.

COMENDADOR. Quiéralo mi ventura, que te juro
que, habiendo sido en tantas ocasiones
tan animoso como sabe el mundo, 1835
en ésta voy con un temor notable.

LEONARDO. Bueno será saber si Pedro viene.

COMENDADOR. Parte, Leonardo, y de tu Inés te informa,
sin que pases la calle ni levantes
los ojos a ventana o puerta suya. 1840

LEONARDO. Exceso es ya tan gran desconfïanza,
porque ninguno amó sin esperanza.

(Vase Leonardo)

COMENDADOR.   Cuentan de un rey* que a un árbol adoraba,
y que un mancebo* a un mármol asistía,
a quien, sin dividirse noche y día, 1845
sus amores y quejas le contaba.

Pero el que un tronco y una piedra amaba,
más esperanza de su bien tenía,
pues, en fin, acercársele podía,*
y a hurto de la gente le abrazaba. 1850

¡Mísero yo, que adoro en otro muro*
colgada aquella ingrata y verde hiedra,
cuya dureza enternecer procuro!

Tal es el fin que mi esperanza medra;
mas, pues que de morir estoy seguro, 1855
¡plega al amor que te convierta en piedra! *(Vase)*

Entre PERIBÁÑEZ *y* ANTÓN.

PERIBÁÑEZ. Vos os podéis ir, Antón,
a vuestra casa, que es justo.

ANTÓN. Y vos ¿no fuera razón?

1844: mármol] D-J; árbol A-C.
1849: podía] D-E, H-J; podría A-C, F-G.
1851: en] D-J; un A-C.

PERIBÁÑEZ.	Ver mis segadores gusto, 1860
	pues llego a buena ocasión,
	que la haza cae aquí.
ANTÓN.	¿Y no fuera mejor haza
	vuestra Casilda?
PERIBÁÑEZ.	Es ansí,
	pero quiero darles traza 1865
	de lo que han de hacer, por mí.
	Id a ver vuesa mujer,
	y a la mía así de paso
	decid que me quedo a ver
	nuestra hacienda.
ANTÓN.	[Ap.] (¡Estraño caso! 1870
	No quiero darle a entender
	que entiendo su pensamiento.)
	Quedad con Dios. (Vase Antón)
PERIBÁÑEZ.	El os guarde.
	Tanta es la afrenta que siento,
	que sólo por entrar tarde 1875
	hice aqueste fingimiento.
	¡Triste yo! Si no es culpada
	Casilda ¿por qué rehúyo
	el verla? ¡Ay mi prenda amada!
	Para tu gracia atribuyo 1880
	mi fortuna desgraciada.
	Si tan hermosa no fueras,
	claro está que no le dieras
	al señor Comendador
	causa de tan loco amor. 1885
	Estos son mi trigo y eras.
	¡Con qué diversa alegría,
	oh campos, pensé miraros
	cuando contento vivía!
	Porque viniendo a sembraros, 1890
	otra esperanza tenía.
	Con alegre corazón
	pensé de vuestras espigas
	henchir mis trojes, que son
	agora eternas fatigas 1895
	de mi perdida opinión.

1880:   Para] Pero a D-E, H, J.

8

	Mas quiero disimular,	*(Voces)*
	que ya sus relinchos siento.	
	Oírlos quiero cantar,	
	porque en ajeno instrumento	
	comienza el alma a llorar.	1900

Dentro grita, como que siegan.

MENDO.   Date más priesa, Bartol,
mira que la noche baja,
y se va a poner el sol.

BARTOLO.   Bien cena quien bien trabaja,*   1905
dice el refrán español.

LLORENTE.   Echote una pulla, Andrés:*
que te bebas media azumbre.

CHAPARRO.   Echame otras dos, Ginés.

PERIBÁÑEZ.   Todo me da pesadumbre,   1910
todo mi desdicha es.

MENDO.   Canta, Llorente, el cantar
de la mujer de muesamo.

PERIBÁÑEZ.   ¿Qué tengo más que esperar?
La vida, cielos, desamo.   1915
¿Quién me la quiere quitar?

Canta UN SEGADOR.

> *La mujer de Peribáñez*
> *hermosa es a maravilla;*
> *el Comendador de Ocaña*
> *de amores la requería.*   1920
> *La mujer es virtüosa*
> *cuanto hermosa y cuanto linda;*
> *mientras Pedro está en Toledo*
> *desta suerte respondía:*
> *Más quiero yo a Peribáñez*   1925
> *con su capa la pardilla,*
> *que no a vos, Comendador,*
> *con la vuesa guarnecida.*

1904:   a] C-J;   *omit.* A-B.
1907:   LLORENTE] UN SEGADOR D-F, H-J.
1909:   CHAPARRO] OTRO SEGADOR D-F, H-J.
1917:   *Canta* UN SEGADOR] LLORENTE *(canta dentro)* D-E, J.

PERIBÁÑEZ.	Notable aliento he cobrado	
	con oír esta canción,	1930
	porque lo que éste ha cantado	
	las mismas verdades son	
	que en mi ausencia habrán pasado.	
	¡Oh cuánto le debe al cielo	
	quien tiene buena mujer!	1935
	Que el jornal dejan, recelo.	
	Aquí me quiero esconder.	
	¡Ojalá se abriera el suelo!	
	Que aunque en gran satisfacción,	
	Casilda, de ti me pones,	1940
	pena tengo con razón,	
	porque honor que anda en canciones*	
	tiene dudosa opinión. *(Entrese)*	

INÉS y CASILDA.

CASILDA.	¿Tú me habías de decir	
	desatino semejante?	1945
INÉS.	Deja que pase adelante.	
CASILDA.	Ya ¿cómo te puedo oír?	
INÉS.	Prima, no me has entendido,	
	y este preciarte de amar	
	a Pedro te hace pensar	1950
	que ya está Pedro ofendido.	
	Lo que yo te digo a ti	
	es cosa que a mí me toca.	
CASILDA.	¿A ti?	
INÉS.	Sí.	
CASILDA.	Yo estaba loca.	
	Pues si a ti te toca, di.	1955
INÉS.	Leonardo, aquel caballero*	
	del Comendador, me ama	
	y por su mujer me quiere.	
CASILDA.	Mira, prima, que te engaña.	
INÉS.	Yo sé, Casilda, que soy	1960
	su misma vida.	
CASILDA.	Repara	
	que son sirenas los hombres,	
	que para matarnos cantan.	

INÉS.	Yo tengo cédula* suya.	
CASILDA.	Inés, plumas y palabras*	1965
	todas se las lleva el viento.	
	Muchas damas tiene Ocaña	
	con ricos dotes, y tú	
	ni eres muy rica ni hidalga.	
INÉS.	Prima, si con el desdén	1970
	que agora comienzas, tratas	
	al señor Comendador,	
	falsas son mis esperanzas,	
	todo mi remedio* impides.	
CASILDA.	¿Ves, Inés, cómo te engañas,	1975
	pues por que me digas eso	
	quiere fingir que te ama?	
INÉS.	Hablar bien no quita honor,	
	que yo no digo que salgas	
	a recebirle a la puerta	1980
	ni a verle por la ventana.	
CASILDA.	Si te importara la vida,	
	no le mirara la cara.	
	Y advierte que no le nombres,	
	o no entres más en mi casa,	1985
	que del ver viene el oír,	
	y de las locas palabras	
	vienen las infames obras.	

PERIBÁÑEZ *con unas alforjas en las manos.*

PERIBÁÑEZ.	¡Esposa!	
CASILDA.	¡Luz de mi alma!	
PERIBÁÑEZ.	¿Estás buena?	
CASILDA.	Estoy sin ti.	1990
	¿Vienes bueno?	
PERIBÁÑEZ.	El verte basta	
	para que salud me sobre.	
	¡Prima!	
INÉS.	¡Primo!	
PERIBÁÑEZ.	¿Qué me falta,	
	si juntas os veo?	

1977: quiere] quieres C-G.

CASILDA.	Estoy
	a nuestra Inés obligada,
	que me ha hecho compañía
	lo que has faltado de Ocaña.
PERIBÁÑEZ.	A su casamiento rompas
	dos chinelas argentadas,
	y yo los zapatos nuevos
	que siempre en bodas se calzan.
CASILDA.	¿Qué me traes de Toledo?
PERIBÁÑEZ.	Deseos, que por ser carga
	tan pesada, no he podido
	traerte joyas ni galas.
	Con todo, te traigo aquí
	para esos pies, que bien hayan,
	unas chinelas abiertas
	que abrochan cintas de nácar.
	Traigo más: seis tocas rizas,*
	y para prender las sayas
	dos cintas de vara y media
	con sus herretes* de plata.
CASILDA.	Mil años te guarde el cielo.
PERIBÁÑEZ.	Sucedióme una desgracia,
	que a la fe que fue milagro
	llegar con vida a mi casa.
CASILDA.	¡Ay Jesús! Toda me turbas.
PERIBÁÑEZ.	Caí de unas cuestas altas
	sobre unas piedras.
CASILDA.	¿Qué dices?
PERIBÁÑEZ.	Que si no me encomendara
	al santo en cuyo servicio
	caí de la yegua baya,
	a estas horas estoy muerto.
CASILDA.	Toda me tienes helada.
PERIBÁÑEZ.	Prometíle la mejor
	prenda que hubiese en mi casa
	para honor de su capilla,
	y así quiero que mañana
	quiten estos reposteros,
	que nos harán poca falta,
	y cuelguen en las paredes
	de aquella su ermita santa

1995

2000

2005

2010

2015

2020

2025

2030

en justo agradecimiento.

CASILDA. Si fueran paños de Francia, 2035
de oro, seda, perlas, piedras,
no replicara palabra.

PERIBÁÑEZ. Pienso que nos está bien
que no estén en nuestra casa
paños con armas ajenas; 2040
no murmuren en Ocaña
que un villano labrador
cerca su inocente cama
de paños comendadores
llenos de blasones y armas. 2045
Timbre y plumas no están bien
entre el arado y la pala,
bieldo, trillo y azadón,
que en nuestras paredes blancas
no han de estar cruces de seda, 2050
sino de espigas y pajas
con algunas amapolas,
manzanillas y retamas.
Yo ¿qué moros he vencido
para castillos y bandas? 2055
Fuera de que sólo quiero
que haya imágenes pintadas:
la Anunciación, la Asunción,
San Francisco con sus llagas,
San Pedro mártir, San Blas 2060
contra el mal de la garganta,
San Sebastián y San Roque,
y otras pinturas sagradas,
que retratos es tener
en las paredes fantasmas. 2065
Uno vi yo, que quisiera...
Pero no quisiera nada.
Vamos a cenar, Casilda,
y apercíbanme la cama.

CASILDA. ¿No estás bueno?

PERIBÁÑEZ.   Bueno estoy. 2070

Entre LUJÁN.

LUJÁN.	Aquí un criado te aguarda
	del Comendador.
PERIBÁÑEZ.	¿De quién?
LUJÁN.	Del Comendador de Ocaña.
PERIBÁÑEZ.	Pues ¿qué me quiere a estas horas?
LUJÁN.	Eso sabrás si le hablas. 2075
PERIBÁÑEZ.	¿Eres tú aquel segador
	que anteayer entró en mi casa?
LUJÁN.	¿Tan presto me desconoces?
PERIBÁÑEZ.	Donde tantos hombres andan,
	no te espantes.
LUJÁN.	[*Ap.*] (Malo es esto.) 2080
INÉS.	[*Ap.*] (Con muchos sentidos habla.)
PERIBÁÑEZ.	[*Ap.*] (¿El Comendador a mí?
	¡Ay honra, al cuidado ingrata!
	Si eres vidrio, al mejor vidrio*
	cualquiera golpe le basta.) 2085

Fin del segundo acto.

ACTO TERCERO

El COMENDADOR y LEONARDO.

COMENDADOR.	Cuéntame, Leonardo, breve
	lo que ha pasado en Toledo.
LEONARDO.	Lo que referirte puedo,
	puesto que a ceñirlo pruebe
	en las más breves razones, 2090
	quiere más paciencia.
COMENDADOR.	Advierte
	que soy un sano a la muerte,
	y qué remedios me pones.
LEONARDO.	El rey Enrique el Tercero,
	que hoy Justiciero llaman, 2095
	porque Catón y Aristides*
	en la equidad no le igualan,
	el año de cuatrocientos
	y seis sobre mil estaba
	en la villa de Madrid,* 2100
	donde le vinieron cartas,
	que, quebrándole las treguas
	el rey moro de Granada,*
	no queriéndole volver
	por promesas y amenazas 2105
	el castillo de Ayamonte,*
	ni menos pagarle parias,*
	determinó hacerle guerra;
	y para que la jornada
	fuese como convenía 2110
	a un rey el mayor de España,
	y le ayudasen sus deudos
	de Aragón y de Navarra,*
	juntó cortes* en Toledo,
	donde al presente se hallan* 2115
	prelados y caballeros,
	villas y ciudades varias.
	Digo sus procuradores,
	donde en su real alcázar*

la disposición de todo 2120
con justos acuerdos tratan
el obispo de Sigüenza,*
que la insigne iglesia santa
rige de Toledo agora,
porque está su silla vaca 2125
por la muerte de don Pedro
Tenorio,* varón de fama;
el obispo de Palencia,*
don Sancho de Rojas,* clara
imagen de sus pasados, 2130
y que el de Toledo aguarda;
don Pablo el de Cartagena,*
a quien ya a Burgos señalan;
el gallardo don Fadrique,
hoy conde de Trastamara, 2135
aunque ya duque de Arjona*
toda la corte le llama,
y don Enrique Manuel,
primos del rey, que bastaban,
no de Granada, de Troya 2140
ser incendio sus espadas;
Ruy López de Avalos, grande
por la dicha y por las armas,
Condestable de Castilla,
alta gloria de su casa, 2145
el Camarero mayor
del Rey, por sangre heredada
y virtud propia, aunque tiene
también de quién heredarla,
por Juan de Velasco* digo, 2150
digno de toda alabanza;
don Diego López de Estúñiga,*
que Justicia mayor llaman;
y el mayor Adelantado
de Castilla, de quien basta 2155
decir que es Gómez Manrique,*
de cuyas historias largas
tienen Granada y Castilla
cosas tan raras y estrañas;
los oidores del Audiencia 2160

del Rey y que el reino amparan:
Pcro Sánchez del Castillo,
Rodríguez de Salamanca,
y Perïáñez...

COMENDADOR.   Detente.*
¿Qué Perïáñez? Aguarda,   2165
que la sangre se me yela
con ese nombre.

LEONARDO.   ¡Oh qué gracia!
Háblote de los oidores
del Rey y del que se llama
Peribáñez, imaginas   2170
que es el labrador de Ocaña.

COMENDADOR.   Si hasta agora te pedía
la relación y la causa
de la jornada del Rey,
ya no me atrevo a escucharla.   2175
Eso ¿todo se resuelve
en que el Rey hace jornada
con lo mejor de Castilla
a las fronteras que guardan,
con favor del granadino,   2180
los que le niegan las parias?

LEONARDO.   Eso es todo.

COMENDADOR.   Pues advierte
(no lo que me es de importancia),*
que mientras fuiste a Toledo
tuvo ejecución la traza.   2185
Con Peribáñez hablé,
y le dije que gustaba
de nombralle capitán
de cien hombres de labranza,
y que se pusiese a punto.   2190
Parecióle que le honraba,
como es verdad, a no ser
honra aforrada en infamia.
Quiso ganarla en efeto,

2164:   Detente] D-F, H, J;   Tente A-C;   Tenté G, I.
2183:   (no lo que me es de importancia)] Solo (que me es de importan-
         cia) D-J.
2187:   dije] B-J;   dize A.

	gastó su hacendilla en galas,	2195
	y sacó su compañía	
	ayer, Leonardo, a la plaza,	
	y hoy, según Luján me ha dicho,	
	con ella a Toledo marcha.	

LEONARDO.   ¡Buena te deja a Casilda,   2200
tan villana y tan ingrata
como siempre!

COMENDADOR.   Sí, mas mira
que amor en ausencia larga
hará el efeto que suele*
en piedra el curso del agua.   2205

Tocan cajas.

LEONARDO.   Pero ¿qué cajas son estas?*

COMENDADOR.   No dudes que son sus cajas.
Tu alférez trae los hidalgos.
Toma, Leonardo, tus armas,
por que mejor le engañemos,*   2210
para que a la vista salgas
también con tu compañía.

LEONARDO.   Ya llegan. Aquí me aguarda.

                                        (*Váyase Leonardo*)

*Entra una compañía de labradores, armados graciosamente, y
detrás* PERIBÁÑEZ *con espada y daga.*

PERIBÁÑEZ.   No me quise despedir
sin ver a su señoría.   2215

COMENDADOR.   Estimo la cortesía.

PERIBÁÑEZ.   Yo os voy, señor, a servir.

COMENDADOR.   Decid al Rey mi señor.*

PERIBÁÑEZ.   Al Rey y a vos...

COMENDADOR.   Está bien.

PERIBÁÑEZ.   ... que al Rey es justo, y también   2220
a vos, por quien tengo honor;

2200: Buena te] Bueno. Y te D-E, H.
2206: LEONARDO] *omit*. D-E, H, J.
2207: COMENDADOR] LEONARDO D-E, H, J; *omit*. I.
2208: *omit*.] COMENDADOR D-E, H-J.

que yo, ¿cuándo mereciera
ver mi azadón y gabán
con nombre de capitán,
con jineta* y con bandera   2225
del Rey, a cuyos oídos
mi nombre llegar no puede
porque su estatura excede
todos mis cinco sentidos?
Guárdeos muchos años Dios.   2230

COMENDADOR. Y os traiga, Pedro, con bien.

PERIBÁÑEZ. ¿Vengo bien vestido?

COMENDADOR.   Bien.
No hay diferencia en los dos.

PERIBÁÑEZ. Sola una cosa querría.
No sé si a vos os agrada.   2235

COMENDADOR. Decid, a ver.

PERIBÁÑEZ.   Que la espada
me ciña su señoría,
para que ansí vaya honrado.

COMENDADOR. Mostrad, haréos caballero,
que de esos bríos espero,   2240
Pedro, un valiente soldado.

PERIBÁÑEZ. ¡Pardiez, señor, hela aquí!
Cíñamela su mercé.

COMENDADOR. Esperad, os la pondré,
por que la llevéis por mí.   2245

BELARDO. Híncate, Blas, de rodillas;
que le quieren her hidalgo.

BLAS. Pues ¿quedará falto en algo?

BELARDO. En mucho, si no te humillas.

BLAS. Belardo, vos, que sois viejo,   2250
¿hanle de dar con la espada?*

BELARDO. Yo de mi burra manchada,
de su albarda y aparejo
entiendo más que de armar
caballeros de Castilla.   2255

COMENDADOR. Ya os he puesto la cuchilla.

PERIBÁÑEZ. ¿Qué falta agora?

COMENDADOR.   Jurar
que a Dios, supremo Señor,
y al Rey serviréis con ella.

PERIBÁÑEZ.	Eso juro, y de traella	2260
	en defensa de mi honor,	
	del cual, pues voy a la guerra,	
	adonde vos me mandáis,	
	ya por defensa quedáis,	
	como señor desta tierra.	2265
	Mi casa y mujer, que dejo	
	por vos, recién desposado,	
	remito a vuestro cuidado	
	cuando de los dos me alejo.	
	Esto os fío, porque es más	2270
	que la vida con quien voy;	
	que, aunque tan seguro estoy	
	que no la ofendan jamás,	
	gusto que vos la guardéis,	
	y corra por vos, a efeto	2275
	de que, como tan discreto,	
	lo que es el honor sabéis;	
	que con él no se permite	
	que hacienda y vida se iguale,	
	y quien sabe lo que vale,	2280
	no es posible que le quite.	
	Vos me ceñistes espada,	
	con que ya entiendo de honor,	
	que antes yo pienso, señor,	
	que entendiera poco o nada.	2285
	Y pues iguales los dos	
	con este honor me dejáis,	
	mirad cómo le guardáis,	
	o quejaréme de vos.	
COMENDADOR.	Yo os doy licencia, si hiciere	2290
	en guardalle deslealtad,	
	que de mí os quejéis.	
PERIBÁÑEZ.	Marchad,	
	y venga lo que viniere.	

2281:   le] D-J;   la A-C.
2287:   me] nos D-E, H, J.

Entrese, marchando detrás con graciosa arrogancia.

COMENDADOR.   Algo confuso me deja
el estilo con que habla,   2295
porque parece que entabla
o la venganza o la queja.
    Pero es que, como he tenido
el pensamiento culpado,
con mi malicia he juzgado   2300
lo que su inocencia ha sido.
    Y cuando pudiera ser
malicia lo que entendí,
¿dónde ha de haber contra mí
en un villano poder?   2305
    Esta noche has de ser mía,
villana rebelde, ingrata,
por que muera quien me mata
antes que amanezca el día.   *(Entrase)*

En lo alto COSTANZA *y* CASILDA *y* INÉS.

COSTANZA.   En fin ¿se ausenta tu esposo?   2310
CASILDA.   Pedro a la guerra se va,
que en la que me deja acá
pudiera ser más famoso.
INÉS.   Casilda, no te enternezcas,
que el nombre de capitán   2315
no comoquiera le dan.
CASILDA.   ¡Nunca estos nombres merezcas!
COSTANZA.   A fe que tiene razón*
Inés, que entre tus iguales
nunca he visto cargos tales,   2320
porque muy de hidalgos son.
    Demás que tengo entendido
que a Toledo solamente
ha de llegar con la gente.
CASILDA.   Pues si eso no hubiera sido,   2325
    ¿quedárame vida a mí?

2316:   comoquiera] como quieran D, F, J.
2318:   tiene razón] tienes razón, C-E, G, I-J.

INÉS.	La caja suena. ¿Si es él?
COSTANZA.	De los que se van con él
	ten lástima, y no de ti.

La caja y PERIBÁÑEZ, *bandera, soldados.*

BELARDO.	Véislas allí en el balcón,	2330
	que me remozo de vellas;	
	mas ya no soy para ellas,	
	ni ellas para mí no son.	
PERIBÁÑEZ.	¿Tan viejo estáis ya, Belardo?*	
BELARDO.	El gusto se acabó ya.	2335
PERIBÁÑEZ.	Algo dél os quedará	
	bajo del capote pardo.	
BELARDO.	¡Pardiez, señor capitán,	
	tiempo hue* que al sol y al aire	
	solía hacerme donaire,	2340
	ya pastor, ya sacristán!	
	Cayó un año mucha nieve,	
	y como lo rucio* vi,	
	a la Iglesia me acogí.	
PERIBÁÑEZ.	¿Tendréis tres dieces y un nueve?	2345
BELARDO.	Esos y otros tres decía	
	un aya que me crïaba,	
	mas pienso que se olvidaba.	
	¡Poca memoría tenía!	
	Cuando la Cava* nació	2350
	me salió la primer muela.	
PERIBÁÑEZ.	¿Ya íbades a la escuela?	
BELARDO.	Pudiera juraros yo	
	de lo que entonces sabía,	
	pero mil dan a entender	2355
	que apenas supe leer,	
	y es lo más cierto, a fe mía;	
	que como en gracia se lleva	
	danzar, cantar o tañer,	
	yo sé escribir sin leer,	2360

2333: ni] y D-E.
2339: al sol y al] el sol y el D-E, J.
2343: lo rucio vi] la recibí D-E.

	que a fe que es gracia* bien nueva.	
CASILDA.	¡Ah gallardo capitán	
	de mis tristes pensamientos!	
PERIBÁÑEZ.	¡Ah dama la del balcón,*	
	por quien la bandera tengo!	2365
CASILDA.	¿Vaisos de Ocaña, señor?	
PERIBÁÑEZ.	Señora, voy a Toledo*	
	a llevar estos soldados	
	que dicen que son mis celos.	
CASILDA.	Si soldados los lleváis,	2370
	ya no ternéis pena dellos,	
	que nunca el honor quebró	
	en soldándose los celos.	
PERIBÁÑEZ.	No los llevo tan soldados	
	que no tenga mucho miedo,	2375
	no de vos, mas de la causa	
	por quien sabéis que los llevo.	
	Que si celos fueran tales	
	que yo los llamara vuestros,	
	ni ellos fueran donde van,	2380
	ni yo, señora, con ellos.	
	La seguridad, que es paz	
	de la guerra en que me veo,	
	me lleva a Toledo, y fuera	
	del mundo al último estremo.	2385
	A despedirme de vos	
	vengo y a decir que os dejo	
	a vos de vos misma en guarda,	
	porque en vos y con vos quedo,	
	y que me deis el favor	2390
	que a los capitanes nuevos	
	suelen las damas que esperan	
	de su guerra los trofeos.	
	¿No parece que ya os hablo	
	a lo grave y caballero?	2395
	¡Quién dijera que un villano	
	que ayer al rastrojo seco	
	dientes menudos ponía*	
	de la hoz corva de acero,	
	los pies en las tintas uvas,	2400
	rebosando el mosto negro	

por encima del lagar,
o la tosca mano al hierro
del arado, hoy os hablara
en lenguaje soldadesco,   2405
con plumas de presumpción
y espada de atrevimiento!
Pues sabed que soy hidalgo
y que decir y hacer puedo,
que el Comendador, Casilda,   2410
me la ciñó, cuando menos.
Pero este menos, si el cuando*
viene a ser cuando sospecho,
por ventura será más,
que yo no menos bueno.   2415

CASILDA.   Muchas cosas me decís
en lengua que ya no entiendo;
el favor sí, que yo sé
que es bien debido a los vuestros.
Mas ¿qué podrá una villana   2420
dar a un capitán?

PERIBÁÑEZ.   No quiero
que os tratéis ansí.

CASILDA.   Tomad,
mi Pedro, este listón negro.

PERIBÁÑEZ.   ¿Negro me lo dais, esposa?

CASILDA.   Pues ¿hay en la guerra agüeros?   2425

PERIBÁÑEZ.   Es favor desesperado;
promete luto o destierro.*

BLAS.   Y vos, señora Costanza,
¿no dais por tantos requiebros
alguna prenda a un soldado?   2430

COSTANZA.   Bras, esa cinta de perro,
aunque tú vas donde hay tantos,
que las podrás hacer dellos.

BLAS.   ¡Plega a Dios que los moriscos
las hagan de mi pellejo   2435
si no dejare matados
cuantos me fueren huyendo!

INÉS.   ¿No pides favor, Belardo?

2417: ya] yo D-E, H, J.

9

BELARDO.	Inés, por soldado viejo,*	
	ya que no por nuevo amante,	2440
	de tus manos le merezco.	
INÉS.	Tomad aqueste chapín.*	
BELARDO.	No, señora, deteneldo,	
	que favor de chapinazo,	
	desde tan alto, no es bueno.	2445
INÉS.	Traedme un moro, Belardo.	
BELARDO.	Días ha que ando tras ellos.*	
	Mas, si no viniere en prosa,	
	desde aquí le ofrezco en verso.	

LEONARDO, *capitán, caja y bandera y compañía de hidalgos.*

LEONARDO.	Vayan marchando, soldados,	2450
	con el orden que decía.	
INÉS.	¿Qué es esto?	
COSTANZA.	La compañía	
	de los hidalgos cansados.	
INÉS.	Más lucidos han salido	
	nuestros fuertes labradores.	2455
COSTANZA.	Si son las galas mejores,	
	los ánimos no lo han sido.	
PERIBÁÑEZ.	¡Hola! Todo hombre esté en vela*	
	y muestre gallardos bríos.	
BELARDO.	¡Que piensen estos judíos*	2460
	que nos mean la pajuela! *	
	Déles un gentil barzón	
	muesa gente por delante.	
PERIBÁÑEZ.	¡Hola! Nadie se adelante,	
	siga a ballesta lanzón.*	2465

Vaya una compañía alderredor de la otra, mirándose.

BLAS.	Agora es tiempo, Belardo,	
	de mostrar brío.	
BELARDO.	Callad,	
	que a la más caduca edad	
	suple un ánimo gallardo.	

LEONARDO.	¡Basta que los labradores	2470
	compiten con los hidalgos!	
BELARDO.	Estos huirán como galgos.	
BLAS.	No habrá ciervos corredores	
	como éstos, en viendo un moro,	
	y aun basta oírlo decir.	2475
BELARDO.	Ya los vi a todos hüir	
	cuando corrimos el toro.	

Entranse los labradores.

LEONARDO.	Ya se han traspuesto. ¡Ce! ¡Inés!	
INÉS.	¿Eres tú, mi capitán?	
LEONARDO.	¿Por qué tus primas se van?	2480
INÉS.	¿No sabes ya por lo que es?	
	Casilda es como una roca.	
	Esta noche hay mal humor.	
LEONARDO.	¿No podrá el Comendador	
	verla un rato?*	
INÉS.	Punto en boca,	2485
	que yo le daré lugar*	
	cuando imagine que llega	
	Pedro a alojarse.	
LEONARDO.	Pues ciega,	
	si me quieres obligar,	
	los ojos desta mujer,	2490
	que tanto mira su honor,	
	porque está el Comendador	
	para morir desde ayer.	
INÉS.	Dile que venga a la calle.	
LEONARDO.	¿Qué señas?	
INÉS.	Quien cante bien.	2495
LEONARDO.	Pues adiós.	
INÉS.	¿Vendrás también?	
LEONARDO.	Al alférez pienso dalle	
	estos bravos españoles,	

2470: ¡Basta∧]∧ ∼, D-J.
2473: ciervos] D-J; cuervos A-C.
2475: basta] hasta I.
2485: un rato] D-J; *omit.* A-C.
2491: mira] C-E, G, J; miran A-B, F, H-I.

	y yo volverme al lugar.	
INÉS.	Adiós.	
LEONARDO.	Tocad a marchar,	2500
	que ya se han puesto dos soles.* (Vanse)

El COMENDADOR en casa, con ropa,* y LUJÁN, lacayo.

COMENDADOR.	En fin, ¿le viste partir?	
LUJÁN.	Y en una yegua marchar,	
	notable para alcanzar	
	y famosa para huïr.	2505
	Si vieras cómo regía	
	Peribáñez sus soldados,	
	te quitara mil cuidados.	
COMENDADOR.	Es muy gentil compañía,	
	pero a la de su mujer	2510
	tengo más envidia yo.	
LUJÁN.	Quien no siguió, no alcanzó.	
COMENDADOR.	Luján, mañana a comer	
	en la ciudad estarán.	
LUJÁN.	Como esta noche alojaren.	2515
COMENDADOR.	Yo te digo que no paren	
	soldados ni capitán.	
LUJÁN.	Como es gente de labor,	
	y es pequeña la jornada,	
	y va la danza engañada	2520
	con el son del atambor,	
	no dudo que sin parar	
	vayan a Granada ansí.	
COMENDADOR.	¡Cómo pasará por mí	
	el tiempo que ha de tardar	2525
	desde aquí hasta las diez!	
LUJÁN.	Ya son	
	casi las nueve. No seas	
	tan triste, que cuando veas	
	el cabello a la ocasión,*	
	pierdas el gusto esperando;	2530
	que la esperanza entretiene.	
COMENDADOR.	Es, cuando el bien se detiene,	
	esperar desesperando.	

LUJÁN.	Y Leonardo, ¿ha de venir?	
COMENDADOR.	¿No ves que el concierto es	2535
	que se case con Inés,	
	que es quien la puerta ha de abrir?	
LUJÁN.	¿Qué señas ha de llevar?	
COMENDADOR.	Unos músicos que canten.	
LUJÁN.	¿Cosa que la caza espanten?	2540
COMENDADOR.	Antes nos darán lugar	
	para que con el rüido	
	nadie sienta lo que pasa	
	de abrir ni cerrar la casa.	
LUJÁN.	Todo está bien prevenido.	2545
	Mas dicen que en un lugar	
	una parentela toda	
	se juntó para una boda,	
	ya a comer y ya a bailar.	
	Vino el cura y desposado,	2550
	la madrina y el padrino,	
	y el tamboril también vino	
	con un salterio estremado.	
	Mas dicen que no tenían	
	de la desposada el sí,	2555
	porque decía que allí	
	sin su gusto la traían.	
	Junta pues la gente toda,	
	el cura le preguntó,	
	dijo tres veces que no,	2560
	y deshízose la boda.	
COMENDADOR.	¿Quieres decir que nos falta	
	entre tantas prevenciones	
	el sí de Casilda?	
LUJÁN.	Pones	
	el hombro a empresa muy alta	2565
	de parte de* su dureza,	
	y era menester el sí.	
COMENDADOR.	No va mal trazado así;	
	que su villana aspereza	
	no se ha de rendir por ruegos;	2570
	por engaños ha de ser.*	

2554: tenían] D-J; tenía A-C.

LUJÁN.　　　　Bien puede bien suceder,
　　　　　　　mas pienso que vamos ciegos.

UN CRIADO y LOS MÚSICOS.

PAJE.　　　　Los músicos han venido.
MÚSICO 1.º　　Aquí, señor, hasta el día,　　　　　2575
　　　　　　　tiene vuesa señoría
　　　　　　　a Lisardo y a Leonido.
COMENDADOR.　　　¡Oh amigos! Agradeced
　　　　　　　que este pensamiento os fío,
　　　　　　　que es de honor y, en fin, es mío.　2580
MÚSICO 2.º　　Siempre nos haces merced.
COMENDADOR.　　¿Dan las once?
LUJÁN.　　　　　　　　　Una, dos, tres...
　　　　　　　No dio más.
MÚSICO 2.º　　　　　　　Contaste mal.
　　　　　　　Ocho eran dadas.*
COMENDADOR.　　　　　　　　　¡Hay tal!
　　　　　　　¡Que aun de mala gana des　　　2585
　　　　　　　las que da el reloj de buena!
LUJÁN.　　　　Si esperas que sea más tarde,
　　　　　　　las tres cuento.
COMENDADOR.　　　　　　　No hay qué aguarde.
LUJÁN.　　　　Sosiégate un poco, y cena.
COMENDADOR.　　¡Mala Pascua te dé Dios!　　　2590
　　　　　　　¿Que cene dices?
LUJÁN.　　　　　　　　　Pues bebe
　　　　　　　siquiera.
COMENDADOR.　　　　¿Hay nieve?
PAJE.　　　　　　　　　　No hay nieve.
COMENDADOR.　　Repartilda* entre los dos.
PAJE.　　　　La capa tienes aquí.
COMENDADOR.　　Muestra. ¿Qué es esto?
PAJE.　　　　　　　　　　Bayeta.*　　　2595
COMENDADOR.　　Cuanto miro me inquïeta.
　　　　　　　Todos se burlan de mí.
　　　　　　　¡Bestias! ¿De luto? ¿A qué efeto?*
PAJE.　　　　¿Quieres capa de color?

2592: No] Sí D-F, H.

LUJÁN.	Nunca a las cosas de amor	2600
	va de color el discreto.	
	Por el color se dan señas	
	de un hombre en un tribunal.	
COMENDADOR.	Muestra color, animal.	
	¿Sois crïados o sois dueñas?	2605
PAJE.	Ves aquí color.	
COMENDADOR.	Yo voy,	
	amor, donde tú me guías.	
	Da una noche a tantos días	
	como en tu servicio estoy.	
LUJÁN.	¿Iré yo contigo?	
COMENDADOR.	Sí,	2610
	pues que Leonardo no viene.	
	Templad, para ver si tiene	
	templanza este fuego en mí. *(Entrense)*	

Salga PERIBÁÑEZ.

PERIBÁÑEZ.	¡Bien haya el que tiene bestia	
	destas de huïr y alcanzar,	2615
	con que puede caminar	
	sin pesadumbre y molestia!	
	Alojé mi compañía,	
	y con ligereza estraña	
	he dado la vuelta a Ocaña.	2620
	¡Oh, cuán bien decir podría:	
	Oh caña, la del honor!	
	Pues que no hay tan débil caña*	
	como el honor a quien daña	
	de cualquier viento el rigor.	2625
	Caña de honor quebradiza,	
	caña hueca y sin sustancia,	
	de hojas de poca importancia	
	con que su tronco entapiza.	
	¡Oh caña, toda aparato,	2630
	caña fantástica y vil,	
	para quebrada sutil,	
	y verde tan breve rato!	

2610:   yo] D-J;   *omit.* A-C.

Caña compuesta de ñudos,
y honor al fin dellos lleno,   2635
sólo para sordos bueno*
y para vecinos mudos.
    Aquí naciste en Ocaña
conmigo al viento ligero;
yo te cortaré primero   2640
que te quiebres, débil caña.
    No acabo de agradecerme
el haberte sustentado,
yegua, que con tal cuidado
supiste a Ocaña traerme.   2645
    ¡Oh, bien haya la cebada*
que tantas veces te di!
Nunca de ti me serví
en ocasión más honrada.
    Agora el provecho toco,   2650
contento y agradecido.
Otras veces me has traído,*
pero fue pesando poco,
    que la honra mucho alienta;
y que te agradezca es bien   2655
que hayas corrido tan bien
con la carga de mi afrenta.
    Préciese de buena espada
y de buena cota un hombre,
del amigo de buen nombre   2660
y de opinión siempre honrada,
    de un buen fieltro de camino*
y de otras cosas así,
que una bestia es para mí
un socorro peregrino.   2665
    ¡Oh yegua! ¡En menos de un hora
tres leguas! Al viento igualas,
que si le pintan con alas,
tú las tendrás desde agora.
    Esta es la casa de Antón,   2670
cuyas paredes confinan
con las mías, que ya inclinan*
su peso a mi perdición.
    Llamar quiero, que he pensado

que será bien menester. 2675
¡Ah de la casa!

Dentro ANTÓN.

ANTÓN.   ¡Hola mujer!
      ¿No os parece que han llamado?
PERIBÁÑEZ.   ¡Peribáñez!
ANTÓN.   ¿Quién golpea
      a tales horas?
PERIBÁÑEZ.   Yo soy,
      Antón.
ANTÓN.   Por la voz ya voy, 2680
      aunque lo que fuere sea.   [*Sale*]
      ¿Quién es?*
PERIBÁÑEZ.   Quedo, Antón, amigo;
      Peribáñez soy.
ANTÓN.   ¿Quién?
PERIBÁÑEZ.   Yo,
      a quien hoy el cielo dio
      tan grave y cruel castigo. 2685
ANTÓN.   Vestido me eché a dormir*
      porque pensé madrugar;
      ya me agradezco el no estar
      desnudo. ¿Puédoos servir?
PERIBÁÑEZ.   Por vuesa casa, mi Antón, 2690
      tengo de entrar en la mía,
      que ciertas cosas de día
      sombras por la noche son.
      Ya sospecho que en Toledo
      algo entendiste de mí. 2695
ANTÓN.   Aunque callé, lo entendí.
      Pero aseguraros puedo
      que Casilda...
PERIBÁÑEZ.   No hay que hablar.
      Por ángel tengo a Casilda.
ANTÓN.   Pues regalalda y servilda.* 2700

2678: ¡Peribáñez!] ¡Ah de la casa! D-E, J.
2682: *omit.*] D-J; ANTÓN A-C.
2686: a dormir] G-J; dormido A-F.
2700: regalalda y servilda] I-J; regaladla y servidla A-C, F; regaladla
      y servilda D-E, G-H.

PERIBÁÑEZ.	Hermano, dejadme estar.
ANTÓN.	Entrad, que si puerta os doy
	es por lo que della sé.
PERIBÁÑEZ.	Como yo seguro esté,
	suyo para siempre soy. 2705
ANTÓN.	¿Dónde dejáis los soldados?
PERIBÁÑEZ.	Mi alférez con ellos va,
	que yo no he traído acá
	sino sólo mis cuidados.
	Y no hizo la yegua poco 2710
	en traernos a los dos,
	porque hay cuidado, por Dios,
	que basta a volverme loco. *(Entrense)*

Salga el COMENDADOR, LUJÁN *con broqueles, y los* MÚSICOS.

COMENDADOR.	Aquí podéis comenzar
	para que os ayude el viento. 2715
MÚSICO 2.º	Va de letra.
COMENDADOR.	¡Oh cuánto siento
	esto que llaman templar!

MÚSICOS *canten.*

Cogióme a tu puerta el toro,
linda casada;
no dijiste: Dios te valga.   2720
El novillo de tu boda*
a tu puerta me cogió;
de la vuelta que me dio
se rió la villa toda;
y tú, grave y burladora,   2725
linda casada,
no dijiste: Dios te valga.

INÉS *a la puerta.*

INÉS.	¡Cese, señor don Fadrique!
COMENDADOR.	¿Es Inés?
INÉS.	La misma soy.
COMENDADOR.	En pena a las once estoy.* 2730

Tu cuenta* el perdón me aplique
para que salga de pena.

INÉS.   ¿Viene Leonardo?

COMENDADOR.   Asegura*
a Peribáñez. Procura,
Inés, mi entrada, y ordena   2735
que vea esa piedra hermosa,
que ya Leonardo vendrá.

INÉS.   ¿Tardará mucho?

COMENDADOR.   No hará,
pero fue cosa forzosa
asegurar un marido   2740
tan malicioso.

INÉS.   Yo creo
que a estas horas el deseo
de que le vean vestido
de capitán en Toledo,
le tendrá cerca de allá.   2745

COMENDADOR. Durmiendo acaso estará.
¿Puedo entrar? Dime si puedo.

INÉS.   Entra, que te detenía
por si Leonardo llegaba.

LUJÁN.   [*Ap.*] (Luján ha de entrar.)*

COMENDADOR.   Acaba,   2750
Lisardo. Adiós, hasta el día.

Entranse. Quedan los MÚSICOS.

MÚSICO 1.º	El cielo os dé buen suceso.
MÚSICO 2.º	¿Dónde iremos?
MÚSICO 1.º	A acostar.
MÚSICO 2.º	¡Bella moza!

2728: Cese] Ce, ce D-F, H.
2750: (Luján ha de entrar)] Luján, ¿ha de entrar? D-J.
2753: A] D-J; *omit.* A-C.

MÚSICO 1.º   Eso... callar.
MÚSICO 2.º   Que tengo envidia confieso.   *(Vanse)*   2755

PERIBÁÑEZ *solo en su casa.*

PERIBÁÑEZ.   Por las tapias de la huerta
                   de Antón en mi casa entré,
                   y deste portal hallé
                   la de mi corral abierta.
                   En el gallinero quise   2760
                   estar oculto, mas hallo
                   que puede ser que algún gallo
                   mi cuidado los avise.
                   Con la luz de las esquinas*
                   le quise ver y advertir,   2765
                   y vile en medio dormir
                   de veinte o treinta gallinas.
                   Que duermas, dije, me espantas,
                   en tan dudosa fortuna;
                   no puedo yo guardar una,*   2770
                   y quieres tú guardar tantas.
                   No duermo yo, que sospecho
                   y me da mortal congoja
                   un gallo de cresta roja,*
                   porque la tiene en el pecho.   2775
                   Salí al fin y, cual ladrón
                   de casa, hasta aquí me entré.
                   Con las palomas topé,
                   que de amor ejemplo son;
                   y como las vi arrullar,   2780
                   y con requiebros tan ricos
                   a los pechos por los picos
                   las almas comunicar,
                   dije: ¡Oh, maldígale Dios,
                   aunque grave y altanero,   2785
                   al palomino extranjero
                   que os alborota a los dos!
                   Los gansos han despertado,*
                   gruñe el lechón, y los bueyes
                   braman; que de honor las leyes   2790

hasta el jumentillo atado
　　al pesebre con la soga
desasosiegan por mí,
que soy su dueño, y aquí
ven que ya el cordel me ahoga.　　　2795
　　Gana me da de llorar.
Lástima tengo de verme
en tanto mal. Mas ¿si duerme
Casilda? Aquí siento hablar.
　　En esta saca de harina　　　　2800
me podré encubrir mejor,
que si es el Comendador,
lejos de aquí me imagina.　　*(Escóndese)*

Inés y Casilda.

Casilda.	Gente digo que he sentido.	
Inés.	Digo que te has engañado.	2805
Casilda.	Tú con un hombre has hablado.	
Inés.	¿Yo?	
Casilda.	Tú, pues.	
Inés.	Tú ¿lo has oído?	
Casilda.	Pues si no hay malicia aquí,	
	mira que serán ladrones.	
Inés.	¡Ladrones! Miedo me pones.	2810
Casilda.	Da voces.	
Inés.	Yo no.	
Casilda.	Yo sí.	
Inés.	Mira que es alborotar	
	la vecindad sin razón.	

Entren el Comendador *y* Luján.

Comendador.	Ya no puede mi afición	
	sufrir, temer ni callar.	2815
	Yo soy el Comendador,	
	yo soy tu señor.	

2794: y] D-J; oy A-C.

CASILDA.   No tengo
           señor más que a Pedro.
COMENDADOR.   Vengo
           esclavo, aunque soy señor.
              Duélete de mí, o diré   2820
           que te hallé con el lacayo
           que miras.
CASILDA.   Temiendo el rayo,*
           del trueno no me espanté.
              Pues, prima, ¡tú me has vendido!
INÉS.   Anda, que es locura agora,   2825
           siendo pobre labradora,
           y un villano tu marido,
              dejar morir de dolor
           a un príncipe; que más va
           en su vida, ya que está   2830
           en casa, que no en tu honor.
              Peribáñez fue a Toledo.
CASILDA.   ¡Oh prima crüel y fiera,
           vuelta de prima, tercera! *
COMENDADOR. Dejadme, a ver lo que puedo.   2835
LUJÁN.   Dejémoslos, que es mejor.
           A solas se entenderán.   (Váyanse)
CASILDA.   Mujer soy de un capitán,
           si vois sois comendador.
              Y nos os acerquéis a mí,   2840
           porque a bocados y a coces
           os haré...
COMENDADOR.   Paso, y sin voces.
PERIBÁÑEZ.   [Ap.] (¡Ay honra! ¿Qué aguardo aquí?
           Mas soy pobre labrador...
           bien será llegar y hablalle...   2845
           pero mejor es matalle.)
              Perdonad, Comendador,
           que la honra es encomienda
           de mayor autoridad.
COMENDADOR. ¡Jesús! ¡Muerto soy! ¡Piedad!   2850

2818:   señor más] más señor D-E, J.
2820:   diré] D-J;   direte A-C.
2837:   (Váyanse)] F-I;   1. 2836 A-C, G;   (Vanse Inés y Luján) D-E, H, J.
2839:   sois] B-J;   sos A.

PERIBÁÑEZ.	No temas, querida prenda,
	mas sígueme por aquí.
CASILDA.	No te hablo de turbada. *(Entrense)*

Siéntese el COMENDADOR *en una silla.*

COMENDADOR.	Señor, tu sangre sagrada	
	se duela agora de mí,	2855
	pues me ha dejado la herida	
	pedir perdón a un vasallo.	

LEONARDO *entre.*

LEONARDO.	Todo en confusión lo hallo.	
	¡Ah, Inés! ¿Estás escondida?	
	¡Inés!	
COMENDADOR.	Voces oyo aquí.	2860
	¿Quién llama?	
LEONARDO.	Yo soy, Inés.	
COMENDADOR.	¡Ay Leonardo! ¿No me ves?	
LEONARDO.	¿Mi señor?	
COMENDADOR.	Leonardo, sí.	
LEONARDO.	¿Qué te ha dado? Que parece	
	que muy desmayado estás.	2865
COMENDADOR.	Dióme la muerte no más.	
	Más el que ofende merece.	
LEONARDO.	¡Herido! ¿De quién?	
COMENDADOR.	No quiero	
	voces ni venganzas ya.	
	Mi vida en peligro está,	2870
	sola la del alma espero.	
	No busques ni hagas estremos,	
	pues me han muerto con razón.	
	Llévame a dar confesión	
	y las venganzas dejemos.	2875
	A Peribáñez perdono.	
LEONARDO.	¿Que un villano te mató	
	y que no lo vengo yo?	
	Esto siento.	
COMENDADOR.	Yo le abono.	

	No es villano, es caballero;	2880
	que pues le ceñí la espada	
	con la guarnición dorada,	
	no ha empleado mal su acero.	
LEONARDO.	Vamos, llamaré a la puerta	
	del Remedio.*	
COMENDADOR.	Sólo es Dios. (Váyanse)	2885

LUJÁN, *enharinado;* INÉS, PERIBÁÑEZ, CASILDA.

PERIBÁÑEZ.	Aquí moriréis los dos.*	
INÉS.	Ya estoy, sin heridas, muerta.	
LUJÁN.	Desventurado Luján,	
	¿dónde podrás esconderte?	
PERIBÁÑEZ.	Ya no se escusa tu muerte.	2890
LUJÁN.	¿Por qué, señor capitán?	
PERIBÁÑEZ.	Por fingido segador.	
INÉS.	Y a mí, ¿por qué?	
PERIBÁÑEZ.	Por traidora.	

Huya LUJÁN, *herido, y luego* INÉS.

LUJÁN.	¡Muerto soy!	
INÉS.	¡Prima y señora!	
CASILDA.	No hay sangre donde hay honor.	2895
PERIBÁÑEZ.	Cayeron en el portal.	
CASILDA.	Muy justo ha sido el castigo.	
PERIBÁÑEZ.	¿No irás, Casilda, conmigo?	
CASILDA.	Tuya soy al bien o al mal.	
PERIBÁÑEZ.	A las ancas desa yegua	2900
	amanecerás conmigo	
	en Toledo.	
CASILDA.	Y a pie, digo.	
PERIBÁÑEZ.	Tierra en medio es buena tregua	
	en todo acontecimiento,	
	y no aguardar al rigor.	2905
CASILDA.	Dios haya al Comendador.	
	Matóle su atrevimiento. (Váyanse)	

Entre el REY ENRIQUE *y el* CONDESTABLE.

REY.*   Alégrame de ver con qué alegría
                 Castilla toda a la jornada viene.
CONDESTABLE.   Aborrecen, señor, la monarquía   2910
                 que en nuestra España el africano tiene.
REY.   Libre pienso dejar la Andalucía,
                 si el ejército nuestro se previene,
                 antes que el duro invierno con su yelo
                 cubra los campos y enternezca el suelo.   2915
                 Iréis, Juan de Velasco, previniendo,
                 pues·que la Vega* da lugar bastante,
                 el alarde famoso que pretendo,
                 por que la fama del concurso espante
                 por ese Tajo aurífero, y subiendo*   2920
                 al muro por escalas de diamante,
                 mire de pabellones y de tiendas
                 otro Toledo por las verdes sendas.
                 Tiemble en Granada el atrevido moro
                 de las rojas banderas y pendones.   2925
                 Convierta su alegría en triste lloro.
CONDESTABLE.   Hoy me verás formar los escuadrones.
REY.   La Reina viene, su presencia adoro.
                 No ayuda mal en estas ocasiones.

La REINA* *y acompañamiento.*

REINA.   Si es de importancia, volveréme luego.   2930
REY.   Cuando lo sea, que no os vais os ruego.*
                     ¿Qué puedo yo tratar de paz, señora,
                 en que vos no podáis darme consejo?
                 Y si es de guerra lo que trato agora,
                 ¿cuándo con vos, mi bien, no me aconsejo?   2935
                 ¿Cómo queda don Juan?
REINA.   Por veros llora.
REY.   Guárdele Dios, que es un divino espejo
                 donde se ven agora retratados,
                 mejor que los presentes, los pasados.
REINA.   El príncipe don Juan es hijo vuestro;   2940
                 con esto sólo encarecido queda.

10

REY.   Mas con decir que es vuestro, siendo nuestro,
               él mismo dice la virtud que hereda.*
REINA.   Hágale el cielo en imitaros diestro,
               que con esto no más que le conceda,   2945
               le ha dado todo el bien que le deseo.
REY.   De vuestro generoso amor lo creo.
REINA.   Como tiene dos años,* le quisiera
               de edad que esta jornada acompañara
               vuestras banderas.
REY.   ¡Ojalá pudiera,   2950
               y a ensalzar la de Cristo comenzara!

        GÓMEZ MANRIQUE *entre.*

[REY.]   ¿Qué caja es esa?
GÓMEZ.   Gente de la Vera*
               y Estremadura.
CONDESTABLE.   De Guadalajara*
               y Atienza* pasa gente.
REY.   ¿Y la de Ocaña?
GÓMEZ.   Quédase atrás por una triste hazaña.   2955
REY.   ¿Cómo?
GÓMEZ.   Dice la gente que ha llegado
               que a don Fadrique un labrador ha muerto.
REY.   ¡A don Fadrique y al mejor soldado
               que trujo roja cruz!
REINA.   ¿Cierto?
GÓMEZ.   Y muy cierto.
REY.   En el alma, señora, me ha pesado.   2960
               ¿Cómo fue tan notable desconcierto?
GÓMEZ.   Por celos.*
REY.   ¿Fueron justos?
GÓMEZ.   Fueron locos.
REINA.   Celos, señor, y cuerdos, habrá pocos.
REY.   ¿Está preso el villano?
GÓMEZ.   Huyóse luego
               con su mujer.

2943:   hereda] encierra A-J.
2959:   ¿Cierto?] D-J;   Es cierto? A-C.

REY.   ¡Qué desvergüenza estraña!   2965
                  ¡Con estas nuevas a Toledo llego!
                  ¿Así de mi justicia tiembla España?
                  Dad un pregón en la ciudad, os ruego,
                  Madrid, Segovia, Talavera, Ocaña.
                  que a quien los diere presos, o sean* muertos, 2970
                  tendrán de renta* mil escudos ciertos.
                      Id luego* y que ninguno los encubra
                  ni pueda dar sustento ni otra cosa,
                  so pena de la vida.
GÓMEZ.   Voy.   (Vase)
REY.   ¡Que cubra*
                  el cielo aquella mano rigurosa!   2975
REINA.   Confiad que tan presto se descubra,
                  cuanto llega la fama codiciosa
                  del oro promctido.

                  Un PAJE *entre.*

PAJE.   Aquí está Arceo,
                  acabado el guión.
REY.   Verle deseo.

                  Entre un SECRETARIO *con un pendón rojo, y en él las armas
                  de Castilla con una mano arriba que tiene una espada, y en la
                  otra banda un Cristo crucificado.*

SECRETARIO.   Este es, señor, el guión.   2980
REY.   Mostrad. Paréceme bien,
                  que este capitán también
                  lo fue de mi redención.
REINA.   ¿Qué dicen las letras?
REY.   Dicen:
                  Juzga tu causa, Señor.*   2985
REINA.   Palabras son de temor.
REY.   Y es razón que atemoricen.

2970:   o sean] o sea D-E, H-J.
2971:   tendrán] tendrá D-E, H, J.
2972:   luego... los] D-J; *omit.* A-C.
2977:   llega] llegue D-E, J.

REINA.   Destotra parte ¿qué está?
REY.   El castillo y el león,
                y esta mano por blasón,   2990
                que va castigando ya.
REINA.   ¿La letra?
REY.   Sólo mi nombre.
REINA.   ¿Cómo?
REY.   Enrique Justiciero,*
                que ya, en lugar del Tercero,
                quiero que este nombre asombre.   2995

Entre GÓMEZ.

GÓMEZ.   Ya se van dando pregones,
                con llanto de la ciudad.
REINA.   Las piedras mueve a piedad.
REY.   ¡Basta que los azadones*
                    a las cruces de Santiago   3000
                se igualan! ¿Cómo o por dónde?
REINA.   ¡Triste dél si no se esconde!
REY.   Voto y juramento hago
                    de hacer en él un castigo
                que ponga al mundo temor.   3005

Un PAJE.

PAJE.   Aquí dice un labrador
                que le importa hablar contigo.

Entre PERIBÁÑEZ, *todo de labrador, con capa larga y su mujer.*

REY.   Señora, tomemos sillas.
CONDESTABLE.   Este algún aviso es.
PERIBÁÑEZ.   Dame, gran señor, tus pies.   3010
REY.   Habla, y no estés de rodillas.

2999-3001: ¡Basta que los ... / ... / ... igualan!] Basta. ¡Qué! ¿Los ... /
            / ... / ... igualan? D-G, I-J; ¡Basta, que los ... / ... / ...
            igualan! H.

PERIBÁÑEZ.	¿Cómo, señor, puedo hablar,
	si me ha faltado la habla*
	y turbados los sentidos
	después que miré tu cara? 3015
	Pero, siéndome forzoso,
	con la justa confïanza
	que tengo de tu justicia,
	comienzo tales palabras.
	Yo soy Peribáñez...
REY.	¿Quién? 3020
PERIBÁÑEZ.	Peribáñez, el de Ocaña.
REY.	Matalde, guardas, matalde.
REINA.	No en mis ojos. Tenéos, guardas.
REY.	Tened respeto a la Reina.
PERIBÁÑEZ.	Pues ya que matarme mandas, 3025
	¿no me oirás siquiera, Enrique,
	pues Justiciero te llaman?
REINA.	Bien dice. Oílde, señor.
REY.	Bien decís; no me acordaba
	que las partes se han de oír, 3030
	y más cuando son tan flacas.
	Prosigue.
PERIBÁÑEZ.	Yo soy un hombre,
	aunque de villana casta,
	limpio de sangre, y jamás
	de hebrea o mora manchada. 3035
	Fui el mejor de mis iguales,
	y en cuantas cosas trataban
	me dieron primero voto,
	y truje seis años vara.*
	Caséme con la que ves, 3040
	también limpia, aunque villana,
	virtüosa, si la ha visto*
	la envidia asida a la fama.
	El Comendador Fadrique,
	de vuesa villa de Ocaña 3045
	señor y Comendador,
	dio, como mozo, en amarla.
	Fingiendo que por servicios,

3014:   turbados] turbado D-E, H, J.
3032:   soy un] D-J;   soy señor un A-C.

honró mis humildes casas
de unos reposteros, que eran   3050
cubiertos de tales cargas.*
Dióme un par de mulas buenas,
mas no tan buenas que sacan
este carro de mi honra
de los lodos de mi infamia.   3055
Con esto intentó una noche,
que ausente de Ocaña estaba,
forzar mi mujer, mas fuese
con la esperanza burlada.
Vine yo, súpelo todo,   3060
y de las paredes bajas
quité las armas que al toro
pudieran servir de capa.
Advertí mejor su intento,
mas llamóme una mañana   3065
y díjome que tenía
de Vuestras Altezas cartas
para que con gente alguna
le sirviese esta jornada.
En fin, de cien labradores   3070
me dio la valiente escuadra.
Con nombre de capitán
salí con ellos de Ocaña;
y como vi que de noche
era mi deshonra clara,   3075
en una yegua a las diez
de vuelta en mi casa estaba;
que oí decir a un hidalgo
que era bienaventuranza
tener en las ocasiones*   3080
dos yeguas buenas en casa.
Hallé mis puertas rompidas
y mi mujer destocada,
como corderilla simple
que está del lobo en las garras.   3085
Dio voces, llegué, saqué

3051:   cubiertos] cubiertas D-E, H, J.

la misma daga y espada
que ceñí para servirte,
no para tan triste hazaña;
paséle el pecho, y entonces   3090
dejó la cordera blanca,
porque yo, como pastor,
supe del lobo quitarla.
Vine a Toledo y hallé
que por mi cabeza daban   3095
mil escudos, y así quise
que mi Casilda me traiga.
Hazle esta merced, señor,
que es quien agora la gana,
porque vïuda de mí,   3100
no pierda prenda tan alta.

REY.   ¿Qué os parece?

REINA.   Que he llorado,
que es la respuesta que basta
para ver que no es delito,
sino valor.

REY.   ¡Cosa estraña!   3105
¡Que un labrador tan humilde
estime tanto su fama!
¡Vive Dios que no es razón
matarle! Yo le hago gracia
de la vida. Mas ¿qué digo?   3110
Esto justicia se llama.
Y a un hombre deste valor
le quiero en esta jornada
por capitán de la gente
misma que sacó de Ocaña.   3115
Den a su mujer la renta,
y cúmplase mi palabra;
y después desta ocasión,
para la defensa y guarda
de su persona, le doy   3120
licencia de traer armas
defensivas y ofensivas.

PERIBÁÑEZ.   Con razón todos te llaman
don Enrique el Justiciero.

REINA.   A vos, labradora honrada,   3125
                    os mando de mis vestidos
                    cuatro, por que andéis con galas,
                    siendo mujer de soldado.
PERIBÁÑEZ.   Senado, con esto acaba
                    la tragicomedia insigne   3130
                    del Comendador de Ocaña.

Fin de la tragicomedia de Peribáñez y el Comendador de Ocaña.

NOTES

10: The Priest means that, although very correct and proper, the good wishes of Costanza and Inés are redundant, for they cannot compete with those he read from the missal during the marriage ceremony.

20: *pleito:* 'argument, subject for discussion'.

> Cf El pleito de los casados
> es sobre cuál envïuda,
> porque tienen por sin duda
> para ser siempre olvidados.
>
> (*El desdén vengado,* Acad. XV, 415b)

25: *pensión:* 'burden, penalty'.

> Cf Entre las penas de amor,
> algunos dicen que celos
> es la pensión de su gusto
> que el alma paga por censo.
>
> (*El rey sin reino,* Acad. VI, 597a)

Jealousy and love are always found together, as these proverbs testify: 'No hay amor sin celos.' 'Amor sin celos no lo dan los cielos.' 'El amor y los celos son hermanos gemelos.' Luis Martínez Kleiser, *Refranero general ideológico español* (Madrid: Aguirre Torre, 1953), no. 10.518 and ff. But a good wife should not make her husband jealous:

> porque la señal mayor
> de amor, que a todas excede,
> es no dar celos, si puede,
> la mujer que tiene amor.
>
> (*¡Si no vieran las mujeres!,* Acad. XV, 159a)

27: Gonzalo de Correas explains that the words 'Para en uno son los dos' are spoken by the people present at a wedding ceremony; *Vocabulario de refranes y frases proverbiales,* ed. Louis Combet (Bordeaux: Féret et Fils, 1967), 454. They are an echo of *Genesis,* 2, 24: 'Wherefore a man shall leave father and mother, and shall cleave to his wife: and they shall be two in one flesh.' The words were often used in wedding songs, see below 1. 145.

28: The *h* of *harta* must be aspirated in order to obtain the correct syllable count.

30: *compañía:* 'spouse'.

> Cf Ya que me determiné
> a casarla, no podía
> darla mejor compañía.
>
> (*El villano en su rincón,* Acad. XV, 306a)

41:    *Ocaña:* town in the province of Toledo, eight miles SE of Aran-
       juez. According to the *bachiller* Agustín Suárez de Villena, and
       Francisco Navarro, in C. Viñas y R. Paz, *Relaciones histórico-geo-
       gráfico-estadísticas de los pueblos de España hechas por iniciativa
       de Felipe II* (Madrid: CSIC, 1963), Ocaña was the chief centre of
       the Order of Santiago in Castile (p. 175), and in 1576 had about
       3,000 inhabitants and more than 300 houses belonging to *hijos-
       dalgos* (p. 180). Ocaña was also renowned for its wines: 'Vino de
       Ocaña, el que lo bebe, luego salta' and 'Vino de Yepes y Ocaña,
       la mejor cosa de España' (Martínez Kleiser, 64.153 and 64.155).

42:    Cf line 554 where the Comendador is also willing to offer her the
       whole of Ocaña.

44:    *Tajo:* The second longest river in the Peninsula, it flows through
       Aranjuez and Toledo. Its length is 565 miles of which 171 are
       on or within the frontier with Portugal. It was supposed to have
       contained gold in former times (see below, 1. 2920). Cf 'Las telas
       eran hechas y texidas / del oro que'l felice Tajo embía...'; Garci-
       laso de la Vega, égloga III, *Obras completas,* ed. Elias L. Rivers
       (Madrid: Castalia, 1964), 430.

45:    *mar de España:* here, the Atlantic Ocean, although it normally
       means the Mediterranean sea:

           Cf un forzado de Dragut
               en la playa de Marbella
               se quejaba al ronco son
               del remo y de la cadena:
               '¡Oh, sagrado mar de España...!'

       [*Poems of Gongora,* ed. R. O. Jones (Cambridge: University Press,
       1966), 97.]

       Portugal was annexed by Philip II in 1580 and remained part of
       the Spanish empire until 1640.

51:    *camuesa:* 'pippin', a kind of apple. According to P. Guadix,
       quoted by Sebastián de Covarrubias, *Tesoro de la lengua castellana
       o española,* ed. Martín de Riquer (Barcelona: Horta, 1943), the
       word *camuesa* means a woman's breast in Arabic; it was applied
       to this apple because of its similarity in shape.
       afeitarse: 'to make oneself up, to wear cosmetics', and, by exten-
       sion, 'to look beautiful'. Cf 'la muger y la camuesa, por su mal se
       afeitan'; Lope de Vega Carpio, *La Dorotea,* ed. E. S. Morby,
       2nd ed. (Madrid: Castalia, 1968), 454.

77:    Cf 'Yo he sido rey, Feliciano, / en mi pequeño rincón...' (*El villano
       en su rincón,* Acad. XV, 280b).

85:    Gonzalo de Correas explains (*Vocabulario,* 199) that it is a belief
       commonly held that ugly women have happy marriages. Cf lines
       1794-5 of the present edition.

88:    Casilda means that the least important feature of Peribáñez is
       highly important in her eyes. Cf Peribáñez's use of *más* and
       menos in lines 2411-15 below.

94: *guarguero* or *garguero* is the lower part of the throat; *Diccionario de Autoridades*, ed. facsímile (Madrid: Gredos, 1963), 3 vols.

98: Casilda alludes to the gathering of herbs on the morning of the feast of St John (June 24). There are many popular superstitions associated with this festivity: On the eve of St. John's day, young Galician girls used to leave overnight, in the open air, a glass containing water and the yolk and white of an egg; the shape of the contents on the following morning was supposed to give an indication of the trade of their husband-to-be; Jesús Rodríguez López, *Supersticiones de Galicia*, 2nd ed. (Madrid: Ricardo Rojas, 1910), 135. The *arrayán* (myrtle) and the *verbena* had special properties: the former was associated with the goddess Venus, and the latter was supposed to produce great merriment among the guests at a celebration if water containing it had been sprinkled beforehand in the place (Covarrubias). Note also the proverb: 'La verbena y la verdad, perdido se han' (Martínez Kleiser, 63.008).

99: *relinchos:* 'shouts of joy' *(Autoridades)*. See also below, line 1629.

101: *adufe:* a square tambourine, of Moorish origin, which was played by women while dancing *(Autoridades)*.

102: *salterio:* 'psaltery', a medieval instrument which was played by plucking the strings with the fingers or a plectrum. There is a full description in Covarrubias. See also below, line 2553.

116: *cirio pascual:* Easter candle which is lit on Easter Sunday and placed near the main altar until Ascension day when it is extinguished until the following Easter.

117: *mazapán de bautismo:* a piece of bread on which the Bishop wipes his fingers after administering the oil used in the christening of a prince; 'por lo regular está... revestida o envuelta en una tela rica...', *Diccionario de la lengua española*, 19th ed. (Madrid: Real Academia Española, 1970).

118: *capillo:* a baby's bonnet used for christenings; it is also a falcon's hood and a soldier's helmet *(Autoridades)*.

123: *ofrecer:* 'to proffer good wishes, give wedding presents, etc.'.

136: *espadas verdes* refers to the blades of tall grass among which lilies grow.

142: *Folía:* a very lively Portuguese dance. According to Covarrubias, it is danced by young men carrying on their shoulders boys dressed as women, but it is doubtful whether this was the way the *folía* was danced in this play.

173: *encintar:* 'to place a rope *(=cintero)* round the horns of a bull' *(Academia)*.

175: *italiano.* The word Italian was synonymous with acrobat in Lope's time. See J. E. Varey, *Historia de los títeres en España* (Madrid: Revista de Occidente, 1957), 105-8.

181: *perejil* is used here euphemistically for excrement, faeces:

> A cuál el cuello jaspean,
> a cuál un ojo le tapan
> con lodos de perejil,
> que fueron carnero y vaca.
>
> (*Amar sin saber a quién*, Acad. N. XI, 302b)

182-5:   The meaning of this passage is: 'Thomas, by having his trousers torn by the bull, has now been able to give involuntary proof of his manhood, even though he may never grow a beard.' Lope refers to the commonly held belief that beardless men lacked virility.

188:   *cerrar:* 'to come to close quarters', usually in battle: '¡Cerrar con él y matalle!' (*El perro del hortelano,* Acad. N. XIII, 206a).

194:   Note the pun on the words *Al terrado=Aterrado.* See also Costanza's reply in line 202.

205:   *muda:* 'cannot get away'. The bull cannot stray beyond the length of the rope by which it is tied to the tree.

> Cf   Pero el toro tentador,
> en menos de un pensamiento,
> por dalle en qué merecer
> se mudó pared en medio.
>
> (*La merced en el castigo,* Acad. N. VII, 544b)

207:   [*Vanse*]] *Vase* D-H, J;   *omit.* A-C.
Hartzenbusch and the other editors have Inés, Costanza, *labradores, labradoras,* and *músicos* remain unnecessarily on stage until line 272. They should all leave the stage at this moment for two reasons: first, the next scene between Casilda and Peribáñez (208-22) should be held in private; second, Inés's words in line 204 seem to indicate that they are all going to the rooftop.

217:   *ponerse en cuernos de un toro* is not a proverb but rather an expression meaning 'to be in imminent danger' *(Academia).* Casilda is also remembering another expression: *poner cuernos (a un marido),* 'to make a man a cuckold'. For the origin of this expression, see the entry for *cornudo* in Francisco Rosal, *La razón de algunos refranes,* ed. B. Bussell Thompson (London: Tamesis, 1975), 35.

220:   *a la cárcel, ni aun por lumbre* is a proverb, see Correas (*Vocabulario,* 6).

221:   *de cuernos, ni aun tintero.* This proverb, if genuine, is not included in the usual textbooks of Spanish *refranes;* it is obviously based on the fact that inkwells were made out of horns (Covarrubias). Note that all three proverbs (217-21) advise caution, a virtue Peribáñez will exhibit throughout the play.

224.   *por dicha:* 'by chance, perhaps'.

> Cf   ¿No lo son los de mi prima,
> si yo con ella me caso,
> o si la espada por dicha
> contra algún príncipe saco
> destos confinantes nuestros,
> los que me quitan restauro?
>
> (*El castigo sin venganza,* Acad. XV, 253a)

230-45:   Bartolo's speech imitates a passage of the well-known traditional ballad «En Santa Gadea de Burgos» in which the Cid addresses the King thus:

> 'Villanos te maten, Alonso,
> villanos, que no hidalgos,
> de las Asturias de Oviedo,
> que no sean castellanos;
> mátente con aguijadas,
> no con lanzas ni con dardos;
> con cuchillos cachicuernos,
> no con puñales dorados;
> abarcas traigan calzadas,
> que no zapatos con lazo;
> capas traigan aguaderas,
> no de contray ni frisado;
> con camisones de estopa,
> no de holanda ni labrados;
> caballeros vengan en burras,
> que no en mulas ni en caballos;
> frenos traigan de cordel,
> que no cueros fogueados;
> mátente por las aradas,
> que no en villas ni en poblado,
> sáquente el corazón
> por el siniestro costado...'

Spanish Ballads, ed. C. Colin Smith (Oxford: Pergamon, 1971), 97.

The connexion with the Cid is made by Peribáñez himself in line 249 below. Note also the emphasis on clothes, which is such a prominent feature of *Peribáñez.*

239:    *garrocha:* a type of lance with a barbed spearhead used for bullfighting *(Academia).*

249:    *Bellido Dolfos:* Zamoran knight who, on 7 October 1072, killed Sancho of Castile during the siege of Zamora. There are no ballads in which the Zamorans curse Bellido Dolfos directly, although they come very close to it when replying to Arias Gonzalo's question as to whether any of them had any part in the King's death:

> — Mal fuego nos queme, Conde,
> si en tal muerte hemos estado:
> No hay en Zamora ninguno
> que tal hubiese mandado.
> El traidor Bellido D'Olfos
> por sí solo lo ha acordado.

Romancero general, ed. Agustín Durán, BAE X (Madrid: Riva-deneyra, 1877), 510.

253:   *moscas negras:* 'black spots'.

> Cf   Sale Solmar con vna ropa abierta
> de tela azul, sobre vna yegua blanca,
> corta de cuello, de nariz abierta,
> de moscas negras matizada el anca.

Lope de Vega, *Jerusalén conquistada,* ed. Joaquín de Entrambasaguas (Madrid: CSIC, 1951), II, 90.

256-7:   The meaning is that the horse, frothing at the mouth, was sprinkling foam on the taffeta ribbons which decorated its bridle.

277:   This *silla* is a sedan chair, not the chair referred to in the stage-direction at line 290.

287:   Note that in modern Spanish *muriese* does not rhyme with *parece* (line 284). J. H. Arjona gives this false rhyme as proof of 'the poor state of conservation of the text'; 'False Andalusian Rhymes in Lope de Vega and their Bearing on the Authorship of Doubtful *comedias*', *HR*, XXIV (1956), 301.

288:   Cf Peribáñez's attempt to leave Ocaña in line 1786.

290:   Cf Tirso de Molina's *El burlador de Sevilla* (I, 579) when Tisbea attends to the unconscious Don Juan, and also the scene between Mencía and the unconscious Don Enrique in Calderón's *El médico de su honra* (I, 121).

301:   Thieves were traditionally hanged.

314:   aunque es vuestra hoy... COMENDADOR: ¡Pasa] aunque es vuestra. *Com.* Oy passa A-C; es vuestra. COMENDADOR: Hoy a ella pasa D-J. Our reading departs less from the original than do D-J. We take the Comendador's sentence to be exclamatory, thereby linking it with the *Desengañadme* of line 320.

335:   *mal* refers to the Comendador's fall and possible injuries.

341:   Cf lines 84-5.

348:   We take this line to be part of the Comendador's aside; other editors, however, think that lines 346-7 only are said aside.

364:   Precious stones were supposed to have special properties: 'Viéndose, pues, tan solos y tan desfavorecidos, determinó Critilo probar la virtud de ciertas piedras orientales muy preciosas que avía escapado de sus naufragios; sobre todo, quiso hazer experiencia de un finíssimo diamante, por ver si vencería tan grandes dificultades su firmeza, y una rica esmeralda, si conciliava las voluntades, como escriven los filósofos'; Baltasar Gracián, *El criticón,* ed. M. Romera Navarro (Philadelphia: Univ. of Pennsylvania, 1938), I, 347-8.

379:   Love at first sight is a constant feature of the Spanish *comedia.* See José María Díez Borque, *Sociología de la comedia española del siglo XVII* (Madrid: Cátedra, 1976), 28.

401:   'and thou shalt be under thy husband's power, and he shalt have dominion over thee' (*Genesis,* 3, 16).

408-47:   Cf the ABC in Cervantes's *Don Quijote:* 'El es, según yo veo y a mí me parece, *a*gradecido, *b*ueno, *c*aballero, *d*adivoso, *e*namorado, *f*irme, *g*allardo, *h*onrado, *i*lustre, *l*eal, *m*ozo, *n*oble, *o*nesto, *p*rincipal, *q*uantioso, *r*ico, y las SS que dicen, y luego, *t*ácito, *v*erdadero.

La *X* no le cuadra, porque es letra áspera; la *Y* ya está dicha; la *Z*, zelador de tu honra', *El ingenioso hidalgo don Quijote de la Mancha,* Austral, 25th ed. (Madrid: Espasa-Calpe, 1973), 217.

437: The common abbreviation for the word *cristiano* was *xptiano.*

446-7: Cf lines 59-60, and the equation *flor=noble.*

475: *horas* was, of course, spelt *oras.*

495: cuánto se obliga] quantas se obliga A-C; cuanto es obligar D-J. Miss Virginia C. Conforte in her unpublished dissertation *Lope de Vega's Peribáñez y el Comendador de Ocaña* (see Hill and Harlan, 15) suggests the reading 'cuantos: se obliga mi amor', with the interpretation, 'cuantos favores quieras; se obliga mi amor a cumplirlos' (Hill and Harlan, 131-2). Our version, however, is preferred because it departs much less from the original. The sentence simply means: 'Tell me what you wish me to do out of love for you.'

496: *el día de la Asumpción:* 15 August, the feast of the Assumption of the Virgin Mary.

501: *Sagrario:* Virgen del Sagrario, patronness of Toledo. See Gustavo Adolfo Bécquer's *leyenda, La ajorca de oro.*

514: *descompuesto:* 'not properly attired; unwashed or dishevelled'.

> Cf De suerte el niño compuse,
> que me ha dado sentimiento.
> Untéle con azafrán
> el rostro, de sangre el cuello,
> descompúsele el cabello...
>
> (*El niño inocente de la Guardia,* Acad. V, 84b)

Luján has been attending to the Comendador's horse, see lines 558-9.

533: *Céfiro* is the west wind, *Flora,* the goddess of Spring. When *Céfiro* fertilizes *Flora,* the offsprings are flowers, see H. A. Guerber, *The Myths of Greece and Rome* (London: Harrap, 1908), 268. See also Ovid's *Metamorphoses,* book I, line 108.

550: The Comendador refers to the constellation of the Great Bear, also known in English as 'The Plough' or 'The Dipper'.

554-5: The Comendador means that he is willing to exchange the whole of Ocaña (his *encomienda*) for Casilda's little house where the sun (i.e., Casilda herself) dwells (*reparar* means 'to live, to dwell' and also 'to stop over'). The word *casilla* also means celestial or astrological house.

565: Cf 'And of the compound bodies in the universe, to the extent of their proper and natural motion, the light and subtle ones are scattered in flames to the outside and to the circumference, and they seem to rush in the upward direction...'; Ptolemy, *The Almagest,* trans. R. Catesby Taliaferro (Chicago: W. Benton, 1952), 11.

573-6: The Comendador's question is elliptical. The meaning is: '[el] hacerle algun bien, ¿será decir bien que trato de no parecer ingrato al deseo que mostró?'

603-16: This sonnet is loosely based on Ariosto's *Orlando furioso,* canto 19: Angelica, daughter of Galafron, Emperor of Cathay, a ravishing beauty, has been sent to Charlemagne's court to destroy it. Combats are held for her hand, and while her suitors fight one another she chances on the wounded Medor, heals him, and falls in love with him. The theme of Angelica and Medoro was liberally used by Golden Age authors. Lope himself wrote a poem, *La hermosura de Angélica,* and a play, *Angélica en el Catay* (Acad. XIII) on this theme; Francisco de Aldana (1537-78) composed *Medoro y Angélica, Poesías,* ed. Elias L. Rivers, Clásicos Castellanos (Madrid: Espasa-Calpe, 1957), 75-8; Francisco Quevedo (1580-1645) wrote a 'Poema heroico de las necedades y locuras de Orlando el enamorado. Dirigido al hombre más maldito del mundo', *Obra poética,* ed. José Manuel Blecua (Madrid: Castalia, 1971), III, 409-52; there is also a *romance* by Luis de Góngora (1561-1627) on this theme (see *Poems of Góngora,* 108-12). Finally, there is a sonnet, attributed to Quevedo, which is very similar to the sonnet in *Peribáñez:*

> Destroza, parte, hiende, mata, asuela
> el bravo Orlando con la fuerte espada.
> De aquella diestra mano gobernada
> los hielmos rompe, las cabezas vuela.

> Reinaldos en peligros se desvela,
> Sacripante la vida tiene en nada,
> deshace Ferragut la gente armada
> y tanto por su Angélica pelea.

> Mas hablóla Medoro en gran secreto
> y dióla unos chapines valencianos,
> un manto de soplillo, y cierta holanda.

> Cobró de su Medoro gran concepto,
> y rendida se puso entre sus manos,
> que amor es niño y regalado ablanda.

Obras de don Francisco de Quevedo y Villegas, ed. Florencio Janer, BAE, LXIX (Madrid: Hernando, 1920), 490b.

For *chapines,* see below note 2442.

607:   The order of words should be: 'Malgesí engaña la furia del cetro.'

626:   *metales:* 'money; gold, silver'. Cf 'Y dile que a la prueba te presentas, / llevándole en metal todo amarillo / estos diez mil.' (*El desdén vengado,* Acad. XV, 433b).

627-8: Luján is paraphrasing and twisting the meaning of the Latin proverb *Dii laneos Pedes habent:* 'The Gods have their feet shod with wool. «God comes with leaden feet, but strikes with iron hands». The ancients, by this enigmatical proverb, intimated that the judgements of the Deity were executed in so silent a manner, that the offenders did not often perceive the approach of the punishment they were doomed to suffer, until they felt the stroke'; Robert Bland, *Proverbs, Chiefly Taken from the Adagia of Erasmus* (London: T. Egerton Military Library, 1814), I, 242. The proverb, ironically, presages the ending of the Comendador at the hands of Peribáñez (see below, lines 2843-50).

629-30: Cf 'Intereses juntan las voluntades; / oro y plata deshacen vuestros enredos; / que no valen favores si no hay dineros.' (*La niñez del padre Rojas,* Acad. V, 306b).

634: *guerra.* This is the war mentioned by Casilda in lines 294-7.

670: *pasamanos:* 'braid of silk or linen woven into a band and containing some silver or gold decoration'; it is used for edging clothes or garments *(Autoridades).*

671: *sayuelo:* 'loose garment which covered a woman's shoulders'. Not to be confused with a *saya* which is a full dress (Covarrubias).

673: *escarlata:* 'woollen cloth normally, though not necessarily, red in colour' *(Autoridades).*

676: *basquiña:* 'wide pleated skirt' *(Autoridades).*

678: *palmilla:* 'dress material manufactured in Cuenca (see line 679) and normally of a blue colour (see lines 682-3)' (Covarrubias).

685: *faldilla.* 'short skirt, open at the front, which was worn over a longer skirt' (Covarrubias).

687: *grana:* 'good quality dress material normally, but not always, red in colour' *(Autoridades).*

689: *vivos:* 'narrow hem or braid for edging dresses' *(Academia).*

696: *velado:* 'husband'.

> Cf ... cante en mis ventanas versos,
> ponga un jardín con obleas
> y entre los demás mancebos
> diga que soy su velada,
> su novia, su casamiento,
> su mujer, su cielo y todo
> cuanto en los casados veo...
>
> (*La carbonera,* Acad. N. X, 712a).

706-61: Life in the country is often idealized by Lope in his plays.

> Cf ¡Oh, bien haya, dije yo,
> debajo de un pobre techo
> la olla de un labrador,
> los rotos manteles puestos
> sobre una tabla de pino,
> y aquel ver salir hirviendo
> el repollo en el verano,
> los nabos en el invierno,
> a su lado su mujer
> con el hijo tierno al pecho,
> el gato por mayordomo,
> y por maestresala el perro!
>
> (*Contra valor no hay desdicha,* Acad. VI, 301b).

712-13: Casilda does needlework for some people in the village. Even though Peribáñez is relatively well off (see line 825), she obviously does not wish to lead an idle life (see line 1333 for another example). This is in accordance with Fray Luis de León's advice in

11

La perfecta casada, chapter V, Austral, 5th ed., (Buenos Aires: Espasa-Calpe, 1946), 46-7.

714: la mula] H; las mulas A-G, I-J. There is only one mule, see below line 717. The *ganado* of line 720 refers to the animals listed in lines 2789-91.

726-9: an allusion to the Nativity.

736: *villano:* Spanish dance, very popular during the sixteenth and seventeenth centuries *(Academia)*. Lope's play *San Isidro, labrador de Madrid* contains the full text of a *villano*. Here are a few lines:

> Al villano se lo dan
> la cebolla con el pan,
> para que el tosco villano
> cuando quiera alborear,
> salga con su par de bueyes
> y su arado, ¡otro que tal!
> Le dan pan, le dan cebolla,
> y vino también le dan;
> ya camina, ya se acerca,
> ya llega, ya empieza a arar, etc.

> (Acad. IV, 564b).

A *villano* is actually danced at the end of Cervantes's *El rufián viudo; Entremeses,* ed. Eugenio Asensio (Madrid: Castalia, 1970), 100.

742: *avahar:* when the soup is nearly cooked, it is taken out of the fire, covered with a cloth or towel, and allowed to continue cooking in its own steam (=*vaho*) (Covarrubias).

748: The dove is the symbol of conjugal love, and of young married couples (Covarrubias). See later, line 2786, where the Comendador is compared to a young pigeon *(palomino)* which brings discord.

751: *beber las fuerzas* is to drink what another has left in a cup. See M. Romera-Navarro, *Antología de la literatura española* (Boston: Heath, 1933), 328, n. 4.

766: *Entre* PERIBÁÑEZ] D-J; *before line* 767 A-C. Casilda's question in obviously addressed to Peribáñez and the stage-direction should be placed before line 766.

771: *alhombra* or *alfombra:* 'tapestry'. Cf '... y que allí descogió la primauera de las fábulas, sus pintadas alombras, para los hurtos de Iúpiter'; *Arcadia,* in *Obras completas de Lope de Vega,* ed. Joaquín de Entrambasaguas (Madrid: CSIC, 1965), 9a.
repostero: 'square piece of rich cloth with the coat-of-arms of a nobleman'. It was placed on the back of a horse for ceremonial occasions, and on walls and balconies *(Autoridades)*.

784: *por favor:* the meaning is 'por [ser de] favor'.

785: *peso:* 'responsibility; worry, sorrow'. See below, note 2652-4.

790: *yerbas:* 'time of the year in which animals are born': 'Este potro cumple tantos años a estas yerbas' *(Autoridades)*.

792: *Mansilla:* Mansilla de las Mulas, eleven miles SE of León, where a famous mule fair was held in November, *The Columbia Lippincott Gazetteer of the World,* ed. Leon E. Seltzer (Columbia: University Press, 1952), 3 vols.

793: In other words, they serve both as beasts of burden and as saddle mules.

797: *prevenir:* 'to inform, to tell'. Cf 'Esto me preuino con vn papel que dezía assí' (*La Dorotea,* 412).

807: *hacer:* 'to procure, to get':

> Proseguir quiero la guerra
> de Nápoles, hagan gente,
> que con ella fácilmente
> podré allanar esta tierra.
>
> (*El palacio confuso,* Acad. N. VIII, 339b).

808: *brinco:* 'small jewel, attached to a small chain and pinned to a woman's dress'.

827: *alzar* normally means 'to rise up in arms, to revolt', but, as Alexey Almasov notes, these words do not imply animosity towards Peribáñcz or moral condemnation: 'Al contrario, la capacidad de encabezar un alzamiento se considera como característica distintiva de un «hombre honrado»'; '*Fuenteovejuna* y el honor villanesco en el teatro de Lope de Vega', *Cuadernos hispanoamericanos,* nos. 161-2 (1963), 748.

842: The Comendador is more effusive towards Peribáñez than is proper. He will be equally effusive towards the Painter (line 1007), and the Musicians (line 2578). This aspect of the Comendador's character was picked up and emphasized by the unknown author of the Holland House MS (see Introduction, p. 52): Told by Luján that the door of Casilda's house will be open for him that night, the Comendador replies: 'dame aquesos pies Luján / que en ellos mi gloria fundo', to which Luján, naturally alarmed, replies: 'Alzate que te verán'.

859: hicieron] hicieran D-J.
The preterite is perfectly acceptable here; it takes the place of the imperfect indicative.

861: *la fiesta de agosto:* the feast of the Assumption (see line 496).

865: *sargas:* 'coarse woollen cloth with religious scenes or landscapes printed on it'; often hung on the walls of modest dwellings (Covarrubias).

869: *timbres:* 'emblem or device on a coat-of-arms which indicated the rank of a nobleman' *(Academia).*

873: *abonar:* 'to improve, to make good; to excuse, to forgive'.

> Cf   Sin causa necio me nombras,
> porque abonar tus tristezas
> fuera más necia lisonja.
>
> (*El castigo sin venganza,* Acad. XV, 257b).

Peribáñez means that he does not know whether this is the proper way to make a request, and that he hopes the Comendador will forgive his daring on the grounds of his ignorance of the correct protocol, and his love for his wife. Peribáñez's *ignorancia* contrasts with the *entendimiento* he acquires later (see line 2283).

875-8: Cf the Comendador's words in lines 552-5, and Casilda's in lines 1594-7.

886: *mequinesa:* from Meknès in Northern Morocco, 33 miles WSW of Fez, former residence of the Sultan, and noted for its Moroccan carpets *(Lippincott Gazetteer).*

904: *rebozado:* literally, 'wrapped in his cloak', but here it has the connotation of 'in hiding, in disguise' (see later, lines 991-5).

908: *Rey Enrique:* King Enrique III of Castile (1379-1406), son of King Juan I of Castile (1358-90) and Leonor of Aragón (1358-82) who was the daughter of King Pedro IV of Aragón (see lines 972-4 and 2113). Enrique became king at the age of eleven and died aged 27. He suffered greatly from a variety of illnesses, contracted at the age of 17 or 18, as a result of which he became irritable and melancholy; Fernán Pérez de Guzmán, *Generaciones y semblanzas,* ed. R. B. Tate (London: Tamesis, 1965), and also *Diccionario de historia de España,* dirigido por Germán Bleiberg, 2nd ed. (Madrid: Revista de Occidente, 1968), 3 vols.
Condestable: Ruy López Dávalos (1357-1428). Pérez de Guzmán describes him as a good warrior and a hardworking, sensible and discreet, although not very intelligent, man who was very fond of astrologers; see Tirso de Molina's (or Mira de Amescua's) *Próspera fortuna de don Alvaro de Luna y adversa de Ruiz López de Avalos* where López Dávalos's fate is predicted at the beginning of the play in a letter he receives from an astrologer; in *Obras dramáticas completas,* ed. Blanca de los Ríos (Madrid: Aguilar, 1946), I, 1858a. He became the *privado* of King Enrique III, but, later in his life, was accused by his secretary of plotting with the King of Granada, was dismissed from his post and dispossessed of all his properties and estates. He died poor and in exile at the age of 70 (*Generaciones,* 13-14).

921-31: *Toledo:* 47 miles SW of Madrid, population in 1591: 147,549; Fernand Braudel, *The Mediterranean and the Mediterranean World in the Age of Philip II,* trans. Siân Reynolds (Glasgow: Fontana-Collins, 1975), 405. The capital of Spain during Visigothic times (507-711), Toledo was captured by the Moors in 712 and, subsequently, became the capital of an independent Arab kingdom after the dissolution of the Caliphate of Cordoba; Alfonso VI captured it in 1085 and made it the capital of Castile (see line 922). Toledo has always been the see of the Ecclesiastical primate of Spain, hence the comparison with Rome (line 928).

935: The Cathedral of Toledo was begun in 1227 and completed in 1493. The Condestable compares it with the ancient temple of Ephesus, one of the seven wonders of the ancient world. Ephesus was an old Ionian city, the ruins of which lie near the modern village of Seljuk in Turkey. The temple, dedicated to Artemis, was built *circa* 600 B.C.

942: *jornada:* the military expedition that Enrique is preparing against the Moors (see note 2106).

955: *reino* refers to the kingdom of Toledo only, and not to the whole of New Castile. If this were the case, the 200 men which Ocaña is supplying (see line 1801) would be out of all proportion.

961: *caballeros:* 'the «councilmen» of the ancient Spanish municipalities numbered from eight to thirty-six and they were usually drawn in equal numbers from the plain citizens and the *caballeros'* (Hill and Harlan, *Cuatro comedias,* 140; see also F. Braudel, *The Mediterranean,* 687).

966: *La Sagra:* a high plain of the central plateau on the right bank of the Tagus. Its main town is Illescas *(Lippincott Gazeteer).*

971: There is a pun on the word *tercero:* third of that name or intermediary (with the secondary association of 'pimp, pander').

974-7: Enrique II of Trastámara (1333?-79) and Pedro el Cruel (1334-69) were both sons of Alfonso XI (1311-50). Pedro was his legitimate heir, the son of Queen María of Portugal (1313?-57), while Enrique was the bastard son of Leonor de Guzmán (?-1351).

979-83: This passage refers to the well-known story of Pedro el Cruel's death at Montiel on 22 March, 1369. The meaning is: 'but when the brother [Pedro] fell to the ground, Fortune favoured Enrique by handing him the dagger [with which he killed Pedro]; the dagger has now become his sceptre.' The popular version of this incident was somewhat different:

> Los fieros cuerpos revueltos
> entre los robustos brazos
> están el cruel don Pedro
> y don Enrique su hermano.
> No son abrazos de amor
> los que los dos se están dando,
> que el uno tiene una daga
> y otro un puñal acerado.
> El rey tiene a Enrique estrecho
> y Enrique al rey apretado,
> uno en cólera encendido
> y otro de rabia abrasado:
> y en aquesta fiera lucha
> solo un testigo se ha hallado,
> paje de espada de Enrique
> que de afuera mira el caso.
> Después de luchar vencidos
> ¡o suceso desgraciado!
> que ambos vinieron al suelo,
> y Enrique cayó debajo.
> Viendo el paje a su señor
> en tan peligroso caso,
> por detrás al rey se allega,
> reciamente de él tirando,
> diciendo; —'No quito rey

ni pongo rey de mi mano,
pero hago lo que debo
al oficio dc criado.'
Y dio con el rey de espaldas
y Enrique vino a lo alto,
hiriendo con un puñal
en el pecho del rey falso...

'Romance de la muerte del rey don Pedro', *The Harrap Anthology of Spanish Poetry*, ed. Janet H. Perry (London: Harrap, 1953), 122-3.

986-9:   The peasant's amazement at the sight of royalty was often exploited by Lope:

SALVANO: ¿Este es el Rey?
FILETO: Aquel mancebo rojo.
SALVANO: ¡Válgame Dios! Los reyes, ¿tienen barba?
FILETO: Pues ¿cómo piensas tú que son los reyes?

(*El villano en su rincón*, Acad. XV, 283a)

1008:   *naipe:* 'rectangular cardboard, the size of a playing card, used for sketches, etc.' Cf '¿Qué te ha hecho essa diuina pintura? Respeta en esse naipe los pinceles del famoso Felipe de Liaño...' (*La Dorotea*, 104).

1017:   *atreverse:* 'to trust, to be confident' (Hill and Harlan, 141).

1026:   *patenas:* 'large religious pictures worn like a scapulary by country women' (Covarrubias).

1027:   *sartas:* 'necklace made by stringing together smaller pieces of jewellery'.

1042:   *bella* and *vello:* the pun is possible by the fact that *b* and *v* have identical pronunciations in Spanish.

1043-4:   The figure of the *caballero salvaje* has its roots in Spanish folklore (see Introduction, p. 21).

ACT II.

1057:   *Puesto... que:* 'although'. Cf lines 1690 and 2089.

1065-75:   This passage could be translated as follows: 'Although we see, through the existence of other brotherhoods and processions, that the worship of St Roch is on the increase in the kingdom of Toledo, there is very little devotion to the saint here in Ocaña; this particular evil, which concerns all of us, can only redound to the detriment of the whole of Spain.' Previously, Gil had said (1. 1058) that the procession had been a success (*honrada*) and that the saint had been well served (1058-9), but he obviously meant by the brotherhood only. The *Mil faltas* (1. 1055) refer not to any shortcomings but to absences, lack of attendance.

1092:   *recelar:* 'to doubt'. Pcribáñez means that he doubts whether the image of the Virgin Mary could have been made more beautiful than it is.

1109: *otro día:* 'on the following day'. Cf line 1216. Note that the feast of the Assumption is on 15 August, and that of Saint Roch on 16 August.

1115: *octava:* period of eight days which the Church dedicates to the celebration of an important religious feast.

1119: There are two *maestres,* one of Alcántara and the other of Calatrava.

1123: *Betis:* River Guadalquivir, in the south of Spain.

1124: The subject of *reciben* is *moros,* and *los* refers to the Christian soldiers.

1130: *mayordomo:* 'elected officer of a religious brotherhood who is both the treasurer and the organizer of special functions, such as processions' *(Autoridades).*

1141: *replicar:* 'to disagree' *(Academia).*

1144: *huir el rostro:* 'to ignore, to avoid'. Cf 'ya no podrás, Feliciano, / huir el rostro a mi honor...' *(La prueba de los amigos,* Acad. N. XI, 101a). According to Correas *(Vocabulario,* 766), 'Huir el kuerpo. Hurtar el kuerpo. Huir el rrostro. Huir la cara' mean 'to try to avoid meeting someone, to escape'.

1163: ángel] santo D-E.
Hartzenbusch omitted *ángel,* and substituted *santo* instead, thinking probably that St Roch is never depicted accompanied by an angel. Montesinos and Aubrun, on the other hand, include in their edition a drawing of the saint with an enormous angel towering behind him (p. 65). The angel was, more probably, a small one, placed at the feet of the saint and counterbalancing the dog on the other side. The line 'todo abierto por un lado' (1164) seems to support this. If the angel had been of the dimensions suggested by Montesinos and Aubrun, there would have been no hesitation in the minds of the villagers as to the advisability of repairing it. As to whether it is a painting or a statue, see Mary Gaylord Randel, 'The Portrait and the Creation of *Peribáñez',* RF, LXXXV (1973), 151; we, however, think that there is no doubt that the text refers to a statue. First, because it was not customary to take paintings of saints out in processions; and secondly, because the two missing fingers (1. 1165-7) and the line quoted above (1164) point unmistakably to a statue.

1186: *cuando:* 'even if'. Cf 'Mi hija Felipa ya está casada, y quando no fuera muger de bien, como lo es, ¿corre esso por mi cuenta, o por la de su marido?' *(La Dorotea,* 67). See also lines 1188, 1590 and 2931.

1188-9: Blas means that he would be willing to contribute his share of the expense, even if they had to get a new St Christopher (a much larger statue), let alone a new St Roch. Blas has probably in mind the painting of Saint Christopher in the Cathedral of Toledo, a fresco, twelve metres high, between the *Puerta de los leones* and the *Capilla de San Eugenio.*

1194: *lisonjero:* 'false, untrue'. Cf 'Lisonjeros te han dicho esa mentira, /

porque es el Almirante el caballero / de más lealtad que tienes en tu casa...' (*La batalla del honor,* Acad. N. III, 596a).

1207: *extraña:* 'unsociable, disdainful'. Cf 'Ya sé que al más altivo, al más extraño, / le doma una muger...' (*El castigo sin venganza,* Acad. XV, 241a). See also line 1549.

1210: *trato:* 'social class'. Cf '(Di / que somos de bajo trato, / veamos si pica)' (*El desposorio encubierto,* Acad. N., IV, 518).

1229: tu] su A-J.

su is, in our opinion, meaningless in the context. It goes without saying that Inés wishes to marry Leonardo; what Leonardo obviously told her was that if they helped the Comendador to win Casilda's affection, then the Comendador would make their wedding possible. Thus, *tu* is required. The words *tu* and *su* (written with a long *s*) were often mistaken for each other by scribes and compositors.

1242: The Comendador did not tell Leonardo but Luján (in lines 902-7) that he was going to follow Casilda to Toledo.

1278-9: The Comendador means that if Inés does indeed help him, he will be forever grateful to Leonardo.

1282-3: *Albricias:* 'reward given to someone bringing good news'. But it is also an expression of joy *(Academia);* hence the Comendador's reply, which could be taken to imply that mere wishful thinking does not warrant such an exclamation.

1284: ¿Qué hacienda... Ocaña?] H; ∧Que hacienda... Ocaña∧ A-C, F-G, I; ∧hacienda... Ocaña∧ D-E, J. Montesinos and Aubrun supply the correct reading, but fail to interpret these words adequately: 'Si mes souhaits ne te suffisent pas, j'ai du bien à Ocaña [pour te récompenser]'. *Hazienda,* however, also means 'fortune, chance; affair; business; difficulty'; see Don Juan Manuel, *El conde Lucanor,* ed. José Manuel Blecua, 2nd. ed. (Madrid: Castalia, 1971), 47, n. 1. According to our interpretation, the Comendador is simply asking Luján for a report on the progress of his affair with Casilda in Ocaña: 'What is the state of my affairs in Ocaña?'. With this interpretation, Luján's reply follows naturally.

1310-1: Luján means that he leaves it to the Comendador's imagination to determine the manner in which he wishes to be rewarded.

1330: This Phaeton is not the son of Helios who tried to ride his father's chariot and nearly burnt the earth, see Ovid, *Metamorphoses,* book II, Loeb Classical Library (London: Heinemann, 1916), 61-83, but the first astrologer to chart the course of the sun. Since he died before he could complete his work, it was said that Jupiter had punished him for his daring (Covarrubias). In this particular case, Lope is obviously thinking of the astrologer, although in most other plays he refers to Helios's son: 'BARTOL: En efeto, ¿eres cochero? / HERNANDO: Faetón soy de aquesta casa, / donde llevo al sol de Inés, ...' (*La villana de Getafe,* Acad. N. X, 396a).

1333: *estrado:* low dais covered with a carpet on which Casilda sits to do her sewing. The carpet is described by Luján in lines 1336-9.

1336: *guadamecí:* soft and pliable leather covering Casilda's *estrado.*

1342: This line is an adaptation of a proverbial expression: 'En agosto, frío en rostro.' Correas explains that it normally rains and becomes cooler by the middle of August (*Vocabulario,* 64).

1350-7: Luján means that the *reposteros* which he saw hanging on the walls of Casilda's bedroom were not there as trophies won by Casilda in battle, but rather as presents willingly surrendered by the Comendador. The Comendador disagrees and replies that they indicate his intention to conquer Casilda by force, for he never intended to surrender them. These words signal a change in the Comendador's attitude towards Casilda. Henceforth he will wage war on her (see note 1811).

1366-7: This is based on a well-known proverb: 'Para las ocasiones son los amigos' (Martínez Kleiser, no. 3.457).

1375: Casilda means that it is now too late for Inés to go and ask for her parents' permission herself.

1386: *chapado:* 'brave, manly'.

> Cf Mozo eres fuerte y chapado,
> tus acciones escogidas;
> puedes darte dos caídas
> con un novillo en el prado.
>
> (*El aldegüela,* Acad. XII, 251b)

1388: *Ver* was sometimes used by Lope in the sense of 'to hear': 'DUQUE: ¿Cantan? RICARDO: ¿No lo ves?' (*El castigo sin venganza,* Acad. XV, 239b).

1397-1403: The sense of this passage is: 'You are right; worries are doors through which jealousy passes from love to fear; and once one begins to fear, sleep is as impossible as it is to relieve love by jealousy.'

1408-9: probably a reference to the proverb: 'Kuando vieres muxer medinesa, mete tu marido detrás de la artesa' (Correas, *Vocabulario,* 448). Correas explains: 'Porke no se enamore. Es alabanza de las de Medina i su tierra.'

1417: *ranchos:* 'sleeping spaces on the floor' *(Academia). Hacer rancho* means 'to make room, to clear a space'.

> Cf Los diestros de la mar discurren prestos,
> duermen los que se cansan y marean;
> y en camarotes y pequeños ranchos
> los sitios más estrechos juzgan anchos.

La Dragontea, in *Obras completas de Lope de Vega,* ed. Joaquín de Entrambasaguas (Madrid: CSIC, 1965), 195a.

1420-1: This Sancho does not appear in the list of characters, but he was given lines 272-3 to speak in the first act. Inés wants Sancho to keep an eye on the orchard so that the front door, through which the Comendador is going to enter, is left unattended. She is already in league with Leonardo and the Comendador (see lines 1232-5).

1433:   *manada:* 'the wheat that can be gathered with one hand' (Covarrubias). See also line 1564.

> Cf   Mas volviéndome a dormir,
>   vi siete manadas bellas
>   de espigas, y que otras siete,
>   débiles, negras y secas,
>   las primeras consumían.
>
>   (*Los trabajos de Jacob,* Acad. III, 245a)

1434:   *cuando importe:* 'if it be worth mentioning'.

1445:   *Helipe* is the rustic form of Felipe; the *h* is aspirated.

1449:   *aconchar:* 'to sit down, to settle down comfortably'. But Covarrubias gives another meaning which could be applied to Luján: 'to intrude among people of a different class'. Luján, the fictitious reaper, is trying to befriend the real reapers.

1454:   *ahorro = aforro:* the *h* is aspirated.

1460-77: The *trébole* was a very popular song in Lope's time. For other examples of *tréboles,* see P. Henríquez Ureña, *La versificación irregular en la poesía española,* 2nd ed. (Madrid: Hernando, 1933), 235. Another *trébole* by Lope is found in *El capellán de la Virgen* (Acad. IV, 495b):

> Trébole de la doncella
> cuando casarse desea,
> que es cogollo de azucena
> y flor del primer amor.
> Trébole, ¡ay Jesús, cómo huele!
> Trébole, ¡ay Jesús, qué olor!
>
> Trébole de la casada
> que ajenos amores trata,
> que parece hermosa garza
> que está temiendo el azor.
> Trébole, ¡ay Jesús, cómo huele!
> Trébole, ¡ay Jesús, qué olor!
>
> Trébole de la soltera
> cuando de común se precia,
> que parece, en lo que pela,
> tijera de tundidor, etc.

1474:   *tocas blancas* were worn by widows:

> deja ya las blancas tocas,
> mortaja triste de vivos,
> y esos llantos excesivos
> con que a las piedras provocas.
>
>   (*Viuda, casada y doncella,* Acad. N. X, 482b)

1485:   The *silbos* is the Comendador's signal (see line 1303).

1504:   *gente de a pie:* 'peasants', as opposed to *gente de a caballo.*

1507: Cf the proverb: 'Una buena capa, más que tapar, destapa'; F. Rodríguez Marín, *12.600 refranes más* (Madrid: *RABM*, 1930). As Rodríguez Marín explains, the proverb implies that 'la dignidad no cubre al hombre, sino le descubre' (p. 326).

1509: In matters of honour, silence is of the utmost importance:

> Y así os receta y ordena
> el médico de su honra
> primeramente la dieta
> del silencio...

(Pedro Calderón de la Barca, *El médico de su honra*, II, 656-9)

See also line 2754 below and also the proverb: 'En cosas de honra, no se ahonda» (Martínez Kleiser, no. 31.325).

1511-14: Cf Tirso de Molina's *El burlador de Sevilla:*

> Calla, que pienso que viene [don Juan],
> que nadie en la casa pisa
> de un desposado, tan recio.

(III, 137-9)

1554: This line is borrowed from the ballad *La esposa fiel* by Juan de Ribera which begins 'Caballero de lejas tierras...' (*Romancero general*, 175a). As J. A. Moore points out, the theme of both ballads is the same: 'A man in disguise suggests to a wife that he be permitted to take the place of her husband whom he accuses of having abandoned her. She describes her husband's character, manners, social position, dress, and other personal characteristics, then energetically rejects the proposal'; *The 'Romancero' in the Chronicle-Legend Plays of Lope de Vega* (Philadelphia: Univ. of Pennsylvania, 1940), 92. The difference lies in the fact that the stranger in *La esposa fiel* turns out to be the lady's husband.

1558: *antipara:* 'leather leggings worn as protection against thorns and thistles' *(Academia)*.

1561: *dediles:* 'finger-stalls used by reapers to protect fingers and finger-nails' (Covarrubias); they were apparently attached to the reaper's belt.

1570: Cf Cintia's speech in Act I of *El castigo sin venganza* (Acad. XV, 238-9) where she also pretends not to be speaking directly to the Duque.

1574: *Copete:* 'curl of hair, quiff' *(Autoridades)*.

1575: *gorguera:* 'ruff'; frill of several folds starched and separately goffered worn round the neck *(Academia)*. As Hill and Harlan point out (page 150), it is an anachronistic allusion.

1576: *cofia de pinos:* a sort of hairnet (Covarrubias).

1577: *toca de argentería:* 'headdress embroidered in silver or gold' (Covarrubias).

1579: *disantos:* 'religious holidays':

> No hay más del mío, y es nuevo,
>   y ése no le quiero dar,
> que he de salir con Domingo,
> el disanto o el domingo,
> en el pradillo a danzar.

(*El más galán portugués, Duque de Berganza,* Acad. X, 396a)

1582: *cartas discretas.* As Hill and Harlan point out (p. 152), 'not «discreet letters», but letters in clever and artificial style, likely well tinged with Gongorism'.

1586: *guantes de ámbar.* Perfumed gloves were much appreciated by ladies in the seventeenth century. Those scented with ambergris were the most highly valued.

> Cf   En el libro de Amadís,
>   a la señora Orïana,
>   con el faldellín de grana
>   y los guantes de ámbar gris...

(*El desdén vengado,* Acad. XV, 408b)

1587: *pastillas:* 'sweets sucked by ladies to offset bad breath' (Covarrubias). They were also burnt in rooms to freshen the air:

> Pastillas has menester;
> no son limpias las posadas;
> seis docenas extremadas
> me envió una monja ayer.

(*El anzuelo de Fenisa,* Acad. XIV, 495a)

1588: *cantueso:* 'French lavender': a plant with small blue flowers from which a certain preserve was made (Covarrubias).

1589: *poleo:* 'penny royal': a type of mint with blue or purple flowers (Covarrubias).

1595: *capa la pardilla.* According to Covarrubias, these dark grey cloaks were used mostly by peasants. The colour *pardo* is sometimes used by Lope to express 'virtue': W. L. Fichter, 'Color Symbolism in Lope de Vega', *Romanic Review,* XVIII (1927), 227. Cf the proverb 'Labrador de capa parda, ése me agrada' (Martínez Kleiser, no. 35.994). For Francisco del Rosal, '*Pardo* significa trabajo, porque es color de la tierra, donde fue y es el primero y común trabajo de los hombres' (*La razón de algunos refranes,* 152).

1609: *brahones:* 'leg-of-mutton or mandarin sleeves which were worn over ordinary sleeves' (Covarrubias).
       capilla: 'small hood worn by laymen'; not to be confused with those worn by monks (Covarrubias).

1613: *ropilla:* 'short garment with sleeves and *brahones* which was worn over the doublet' (*Autoridades*).

1637: *sierpe de Libia* is probably a reference to the Gorgons: 'They were the daughters of Phorcys and Ceto, and were named Euryalê, Stheno, and Medusa, the first two being immortal. Their hair was entwined with serpents, their hands were of brass, their bodies covered with impenetrable scales, their teeth resembling the tusks of a wild boar, and their eyes possessing the power of turning all on whom they fixed them to stone. By the aid of Minerva they were finally conquered by Perseus, and the drops of blood which fell to the ground from Medusa's head were changed into serpents, which have ever since infested the sandy deserts of Libya'; *The Encyclopaedic Dictionary* (London: Cassell, 1909), vol. IV.

1642: *cedo:* 'at once, quickly':

> No te apasiones así
> delante del mandadero
> de Alimanzor, sino dile
> que espere afuera, que cedo
> la respondida darás...
>
> (*Las famosas asturianas,* Acad. VII, 197b)

1695: Note that *ésta* does not rhyme with *está* in line 1692. Probably a slip on Lope's part.

1722-3: It would be interesting to speculate about what Peribáñez would have done had the Painter acceeded to his request.

1731-2: Peribáñez now realizes that the *lacayo* is Luján, his new reaper, whom he had previously seen in the Comendador's house (line 842). See later, lines 2076-81.

1740: *trato:* 'arrangement, deal'. Cf note 1210.

1756-9: Cf lines 1934-5.

1782: *glosar:* 'to interpret differently; to think the worst':

> Aquí, turbado y devoto,
> entendió del Padrenuestro
> el 'no nos dejes caer',
> glosándolo a su provecho.
>
> (*La merced en el castigo,* Acad. N. VII, 544b)

1790: This line echoes the proverb 'Aiudáme akí, don Estorva' (Correas, *Vocabulario,* 31) which, according to Covarrubias, applies to those who in trying to help only succeed in getting in the way.

1794-5: These lines echo the proverb 'Muxer hermosa, niña i higeral, / mui malos son de guardar' (Correas, *Vocabulario,* 564). Cf '¡Mal haya la mujer que en hombres fía!' (Tirso de Molina, *El burlador de Sevilla,* III, 394), and also lines 1515-16 of the present text. Contrast also with lines 1934-5.

1811: *Amor es guerra.* Cf Ovid's 'Militiae species amor est' (*Ars Amandi,* II, 233), and also Tirso de Molina, *La venganza de Tamar,* I, 76: '... Amor a Marte iguala'. Imagery of war is used consistently throughout the second half of the play: in line 1361, the Comendador provides himself with weapons ('me voy a armar') before going to see Casilda; in line 1534, Casilda speaks to him from the safety of her balcony, which can be seen as the battlements of a castle which the Comendador cannot conquer (see also 1. 1826); Luján can be seen as a spy who has infiltrated the enemy camp (1289-90 and 1324-7); finally, even Casilda and Peribáñez use imagery of war in Act III: lines 2311-13 and 2382-3.

1815-21: The subject of *diría* (1815) and *pensaba* (1817) is Casilda; the pronoun *le* (1818) refers to Peribáñez; the subject of *viendo* (1819), *atreviese* (1820), and *haría* (1821) is Inés and not, as Hill and Harlan believe (p. 155), Peribáñez. The last two lines mean that Inés, seeing how upset Casilda was, decided not to press the Comendador's suit any further, intending, however, to do so at a later date (in lines 1944-88).

1843-56: For an analysis of this sonnet, see Peter N. Dunn, 'Some Uses of Sonnets in the Plays of Lope de Vega', *BHS*, XXXIV (1957), 220-1.

1843: *un rey*. This king is Xerxes: '... by this road went Xerxes, and found a plane-tree, to which for its beauty he gave adornment of gold, and charged one of his immortals to guard it...'; Herodotus, book VII, 31, trans. A. D. Godley, Loeb Classical Library (London: Heinemann, 1963), III, 345. According to Pedro Mejía, Xerxes actually fell in love with the tree and served it as if it were a beautiful lady; *Silva de varia lección* (Madrid: Bibliófilos Españoles, 1934), II, 78.

1844: *mancebo*. Also mentioned by Pedro Mejía in his *Silva de varia lección* (II, 77-8). He was a youth who fell in love with a beautiful statue that stood in a public place in Athens.

1849: podía] D-E, H-J; podría A-C, F-G.
It must rhyme with *asistía* (1844), *día* (1845), and *tenía* (1848).

1851-2:

> Cf No ay coraçón que baste,
>   aunque fuesse de piedra,
>   viendo mi amada yedra
>   de mí arrancada, en otro muro asida...
>
>   (Garcilaso, égloga I, 133-6, *Obras completas*, 277)

1905: The proverb is included in F. Rodríguez Marín's *Los 6.666 refranes de mi última rebusca* (Madrid: Bermejo, 1936).

1907-9: LLORENTE] UN SEGADOR D-F, H-J (line 1907).
CHAPARRO] OTRO SEGADOR D-F, H-J (line 1909).
Hartzenbusch and the other editors probably thought that Llorente's words were directed at Chaparro, and that Chaparro's words were in answer to Llorente's, but this is unsubstantiated by the text.

1942-3: Cf 'Honra que anda en lenguas, sufre mengua' (Martínez Kleiser, no. 31.344). Honour depends on other people's opinion:

> porque en la mujer más buena
> puede haber mala opinión,
> de que hay tantas ofendidas;

> que muchas hay lastimadas
> en el honor, siendo honradas,
> porque fueron perseguidas.
>
> (*Porfiar hasta morir,* Acad. X, 97b)

1956-8: Narcisa in *Del monte sale* is as gullible as Inés:

> ... que me lo dijo, y lo creí:
> 'Agrádame la villana,
> que no siempre a los señores
> agradan las cosas altas'.
>
> (Acad. N. II, 88a)

1964: *cédula:* 'written document' and often in the *comedia,* 'written promise of marriage': 'Rugero, Rey de Nápoles, digo: Que por esta cédula, firmada de mi nombre, doy la palabra y me obligo de casarme con Lisena, Princesa de Bisiñano' (*El desdén vengado,* Acad. XV, 427a).

1965-6: There exist several versions of this well-known proverb: Covarrubias renders it as 'Palabras y plumas, el viento las lleva'; Correas (*Vocabulario,* 458) gives two versions: 'Palavras i pluma, el viento las tunba' and 'Palavras i plumas, el viento las lleva'; Rodríguez Marín found two other versions: 'Palabras y canciones el viento las traspone' *(6.666 refranes)* and 'Palabras de cortesano y pedo de fraile, todo es aire' *(12.600 refranes).* Casilda is advising Inés not to trust in Leonardo's written or spoken promises.

1974: *remedio:* 'betterment, improvement; also marriage':

> y mil feas a quien dar
> remedio a uno se permite,
> por querer cualquier embite
> casarse por madurar.
>
> (*El castigo del discreto,* Acad. N. IV, 183b)

2010: *tocas rizas:* 'headdress made with a sort of cordlike velvet'.

2013: *herretes:* 'ferrules or silver rings attached to the *cintas* (= belts)' (*Academia*).

2084-5: Correas (*Vocabulario,* 182-3) gives the following versions of this proverb: a) 'La onrra i el vidrio, no tiene más de un golpezillo'; b) 'La onrra i la muxer es komo el vidrio, ke al primer golpe se kiebra'; c) 'La onrra no tiene más de un golpe'.

ACT III.

2096: *Catón:* Marcus Porcius Cato, the Censor (234-149 B.C.), Roman statesman, orator and the first Latin prose writer of any importance. He was known for his oratorical and legal skill and his rigid morality.
Aristides, the Just, was born in the second half of the sixth cen-

tury B.C. He was an Athenian statesman and general, and the founder of the Delian league. Both men epitomized justice.

2100:   *Madrid* was finally captured from the Moors by Alfonso VI in 1083; it became the capital of Spain in 1561.

2103:   *rey moro de Granada:* King Mohamed VI (1370-1408). In 1238, Granada became the capital of a Moorish kingdom which included Málaga, Almería and parts of Jaén and Cádiz. The last stronghold of Moorish power in Spain, Granada fell to the Catholic Kings in 1492.

2106:   The origin of this war was, according to Pérez de Guzmán (*Generaciones,* 7-8), the capture by the Moors of the castle of Aymonte (not Ayamonte as both the chronicler of Juan II and Lope have it) which belonged to Alvar Pérez Guzmán, lord of Olvera; its immediate cause, however, seems to have been a battle, the outcome of which was undecided, fought near Baeza in the year 1406. Many Christian knights, such as Sancho de Rojas's (see note 2129) brother Martín, and Alfonso Dávalos, a nephew of Condestable Ruy López (see note 908), died there.

2107:   *parias:* 'tribute which a ruler pays another in recognition of suzerainty' (Covarrubias).

2113:   Enrique III was the son of an Aragonese princess (see note 908) and therefore nephew of King Martín el Humano (1356-1410), king of Aragón at the time of the play.

2114:   *cortes.* The Cortes were summoned to raise money for the campaign in December, not August.

2115-64:   This passage is taken almost verbatim from the *Crónica del Sereníssimo don Juan Segundo deste nombre,* printed in Logroño in 1517, and subsequently in Pamplona in 1590 (see Introduction, p. 15). According to J. A. Moore, in this *romance,* Lope 'follows the artless procedure established by Lorenzo de Sepúlveda in his *Romances nuevamente sacados,* which are usually prosaic versifications of chapters in the *Crónica general*' (*The 'Romancero' in the Chronicle-Legend Plays,* 93).

2119:   *real alcázar.* The building Lope knew had been built in the sixteenth century by Charles V. The ancient castle of Toledo occupied the site on which had stood a Roman fort.

2122:   *obispo de Sigüenza.* Juan de Illescas was bishop of Sigüenza from 1403 to 1415 (*Generaciones,* 21 and 37). Sigüenza is a town in the province of Guadalajara.

2127:   *Pedro Tenorio* (?-1399) was adviser to both Juan II and Enrique III. He died at Toledo aged over seventy (*Generaciones,* 20-1). He was bishop of Toledo from 1375 to 1399.

2128:   *Palencia:* 120 miles NW of Madrid, the residence of the Kings of León during the twelfth and thirteenth centuries.

2129:   *Sancho de Rojas* (1382-1432), archbishop of Toledo (1415-22) and adviser to Juan II, was, according to Pérez de Guzmán (*Generaciones,* 20), an intelligent man of letters who was perhaps more vindictive than was appropriate for a bishop.

2132:   *Cartagena:* the ancient *Carthago Nova,* in the province of Murcia. *Pablo el de Cartagena:* Pablo García de Santa María (1350-

1435) was born Salomón Ha Levi and became successively rabbi in Burgos, adviser to the Pope in Avignon, archdeacon of Treviño, King's chaplain, papal agent, bishop of Cartagena, adviser to King Enrique III, papal nuncio, tutor and chancellor to Juan II, and finally bishop of Burgos. For the career of this remarkable man, see Luciano Serrano, *Los conversos D. Pablo de Santa María y D. Alfonso de Cartagena* (Madrid: CSIC, 1942), 9-117. He left two sons, Alfonso de Burgo and Gonzalo who became bishop of Palencia (*Generaciones*, 28-31).

2136: *Arjona:* small town 19 miles NW of Jaén.

2150: *Juan de Velasco:* Juan Fernández de Velasco claimed his descent from the legendary count Fernán González (mid-tenth century). He was, according to Pérez de Guzmán (*Generaciones*, 19-20), a wealthy and hospitable knight who fought in the battle of Antequera (6 May 1410). He appears as a character in Lope's play *La carbonera* (Acad. N. X).

2152: *Diego López de Estúñiga* was *Justicia Mayor* during the reigns of Juan II and Enrique III. Pérez de Guzmán (*Generaciones*, 16) describes him as a reserved man who was a good friend to his friends and extremely fond of women.

2156: *Gómez Manrique:* a bastard son of Adelantado Pero Manrique, he was given as a hostage to the King of Granada together with other Castilian children. For a time, he professed the Moslem religion, but, having returned to Castile, he converted to Christianity. He used to tell many strange and marvellous things about the Moors which were, according to Pérez de Guzmán (*Generaciones*, 22), a little difficult to believe at times.

2164: Detente] D-F, H, J; Tente A-C; Tenté G, I.
Detente is required for a correct syllable count. *Tenté*, if it did exist, appears never to have been used by Lope in his plays; see Carlos Fernández Gómez, *Vocabulario completo de Lope de Vega* (Madrid: RAE, 1971), 3 vols.

2183: (no lo que me es de importancia)] Solo (que me es de importantancia) D-J.
There is no need to emend A-C's reading. The Comendador means that Leonardo should take note, not of the matter that should really concern him (i.e., the expedition against the Moors), but of the wooing of Casilda.

2204-5: Correas (*Vocabulario*, 494) gives the following versions of this proverb: a) 'Tanto da el agua en la piedra hasta ke la kiebra'; b) 'Tanto da la gotera en la piedra, ke la mella; o la kiebra'.

2206-8: (2206) LEONARDO] *omit.* D-E, H, J.
Hartzenbusch and the other editors give this line to the Comendador.
(2207) COMENDADOR] LEONARDO D-E, H, J; *omit.* I. H gives this line to Leonardo.
(2208) *omit.*] COMENDADOR D-E, H-J.
The above changes are unnecessary. There is no reason why the Comendador should not speak line 2207.

2210:   The Comendador probably means: 'so that we may carry out the
        farce more effectively'; in other words, 'so that Peribáñez may
        think that we are taking him seriously and will not suspect anything'.
2218:   The Comendador is correcting Peribáñez: 'You should say that
        you are going to serve the King, not me'.
2225:   *jineta:* 'short lance with a tassel round its gilded point carried by
        an infantry captain' (Covarrubias).
2251:   Blas is referring to the *espaldarazo,* an essential part of the ce-
        remony of dubbing or arming knights: 'Hecho esto, el Padrino
        ceñirá vna espada dorada al Cavallero ... y puesto el Cavallero de
        rodillas, luego el Comendador ... sacará la espada que le ciñió de
        la vayna, y tocarle ha con ella en la cabeza y en el hombro tres
        veces...'; Francisco de Rades y Andrada, *Catálogo de las obliga-
        ciones...* (Toledo: Juan de Ayala, 1571), 50.
2318:   tiene razón] tienes razón C-E, G, I-J.
        The variant reading makes nonsense of the sentence. Costanza
        is obviously addressing Casilda and not Inés. The latter had been
        furthering the Comendador's suit in lines 2314-16, and this is how
        Casilda understood her words (2317); Costanza, however, is not
        aware of the intention of Inés's words and thus agrees with her,
        thereby emphasizing the fact that it was indeed rather unusual for
        a peasant to be made captain of a company of soldiers and an
        hidalgo to boot; particularly, since he is only taking them to To-
        ledo (lines 2322-4).
2334:   The character of Belardo is a literary disguise of Lope de Vega
        (see Introduction, p. 9). Lope used him in other plays, most no-
        tably in *El poder vencido y amor premiado:*

> FLO.   Adelante pasa.
> BEL.   Dad a Belardo los pies.
> PRIN. ¿Sois el sonado, el famoso?
> BEL.   No, señor, sino el mocoso;
>   el sonado ya no es.
> PRIN.   ¿Pues qué se hizo?
> BEL.   Señor,
>   ya es cura de otro lugar.
> PRIN. ¿Y vos, pensáis heredar
>   su pluma?
> BEL.   Yo soy pastor.
>   No me entiendo boberías,
>   Más precio guardar mis cabras,
>   que sus agudas palabras,
>   ya vanas y ya vacías.
>   Es hombre que le ha costado
>   mil trabajos escribir.
> PRIN. ¿Luego es mejor que escribir
>   guardar rústico ganado?
> BEL.   ¿Pues no, señor? Venturoso
>   quien vive sin agradar
>   a nadie.
>   (Acad. N. VIII, 540b)

2339: *hue = fue;* the *h* is aspirated.

2343: *lo rucio:* 'grey hair'.

2350: The legend of *la Cava* was meant to explain in personal terms the defeat of the last Visigothic King by the Moors and the subsequent invasion of Spain: 'It was said that Count Julián (or Olbán, Yllán, Olián, etc.), Visigothic governor of Ceuta on the Moroccan coast, sent his daughter to be educated at the court of King Roderick at Toledo. There the King seduced her, and the girl sent word of it to her father. Julián, to secure his personal revenge, enlisted the aid of the Moslem generals in Morocco and encompassed the destruction not only of Roderick but of the whole estate' (C. C. Smith, *Spanish Ballads,* 52). Her name, La Cava, or Alacaba, derives from the Arabic name for whore.

2361: *gracia:* 'unusual, funny thing':

BELISA.   Del estuche
           saqué un cuchillo y los di
           de puñaladas allí.
FLORA.   ¿Quén hay que tal gracia escuche?
           ¿Mataste la celosía?

> (*Los melindres de Belisa,* Acad. N. XII, 650b)

Lope is having a dig at his critics.

2364-5: Peribáñez is acknowledging the fact that he has been given the captaincy on account of Casilda.

2367-73: There is a complicated pun here involving the word *soldados,* meaning 'soldiers' and 'welded'. Peribáñez says that his jealousy is welded to him, in the sense that he must take it with him to Toledo like his soldiers; in other words, that he is unable to get rid of either his soldiers or his jealousy. Casilda replies that if his jealousy is so firmly welded then he need not worry. The implication is that provided Peribáñez does not get carried away by his jealousy, there is no need for him to worry about his honour.

2398-9: He refers to a sickle with a serrated edge.

2412-15: Peribáñez means that, although he knows that the Comendador had mental reservations when he knighted him (see Introduction, p. 30), that minimal act *(menos)* he performed, will, should the occasion arise, prove to be more than sufficient *(más)* to justify his taking action against the Comendador. Cf his warning to the Comendador in lines 2286-9.

2427: 'Black ... is a symbol of mourning. However, in the ballads, this may be for death, imprisonment of friends or relatives, or loss of affection'; H. A. Kenyon, 'Color Symbolism in Early Spanish Ballads', *Romanic Review,* VI (1915), 335. Cf line 2598.

2439: *soldado viejo.* Lope took part in the expedition against the Azores in 1583 and probably sailed with the Armada against England in 1588. See Fernando Lázaro, *Lope de Vega* (Salamanca: Anaya, 1966), 35-6.

2442: *chapín:* 'cork-soled clog used by women in the seventeenth century'. According to Covarrubias, it was also used by soldiers who had suffered injury in war in order to disguise their limp. Thus, Inés's offer of a *chapín* to Belardo is not so absurd. Covarrubias also affirms that, when angry, women were wont to hit men over the head with their *chapín*. This was called a *chapinazo* (see line 2444).

2447-9: A reference to his famous *romances moriscos;* see R. O. Jones, *A Literary History of Spain. The Golden Age: Prose and Poetry* (London: Ernest Benn, 1971), 116. For an example of a *romance morisco* by Lope, see *The Harrap Anthology of Spanish Poetry*, 261-2.

2458:   *en vela:* 'to be alert, to be wide awake' (Covarrubias). It is a military term.

2460:   For some peasants, to be noble was synonymous with being Jewish; see Américo Castro, *De la edad conflictiva,* 3rd ed. (Madrid: Taurus, 1972), 180-5, and not without reason at times (see note 2132). According to Diane J. Pamp, *Lope de Vega ante el problema de la limpieza de sangre* (Northampton, Massachussetts: Smith College, 1968), Lope, although a *cristiano viejo,* appears to have been accused of impurity of blood.

2461:   *mear la pajuela:* Correas (*Vocabulario,* 747) explains: 'When a boy challenges another to a fight and the challenge is ignored, the first boy picks up a piece of straw from the ground and, after urinating on it, brushes it against the antagonist's mouth, thereby provoking him to fight.' The phrase also means, according to *Autoridades,* 'to surpass, to excel'.

2465:   the peasants carried a lance (= *lanzón*), and the *hidalgos* a crossbow (= *ballesta*). Peribáñez tells his men to keep to their proper places, behind the *hidalgos.*

2485:   un rato] D-J; *omit.* A-C.
         Hartzenbusch's emendation is by no means the only possible one. Other alternatives are: a) 'verla un poco? Punto en boca'; b) 'verla luego? Punto en boca'; c) 'verla? Sí, mas punto en boca'.

2486-8: Inés's plan consists in helping the Comendador to take the place of Peribáñez in Casilda's bed in the dark. Cf Tirso's *El burlador de Sevilla* (I, 71) where Don Juan similarly takes the place of Octavio in Isabela's bed in the dark.

2501:   The two suns do not refer, as Montesinos and Aubrun think, to Inés's eyes. One sun is Inés herself, and the other is the real sun which is now setting. Leonardo refers to the fact that it is getting dark (see below, line 2526-7).

2502:   *en casa, con ropa:* 'wearing casual clothes which indicate that he is at home'. Normally this means wearing a doublet and hose.

2529:   According to Covarrubias, the goddess of Chance (= *ocasión*) was depicted as a maid, with winged heels and wearing a single veil, placed on a gyrating wheel. Since she was bald, except for a single tuft of hair covering her face, one had to grab hold of that tuft of hair with great speed in order to seize one's chance. This description explains the Spanish saying 'A la ocasión la pintan calva'.

2566:   *de parte de:* 'on account of, because of'.

2571:   See note 2486-8.
2584:   There appears to be some confusion over the chronology of Act III.
        In line 2501, it was getting dark; in line 2527, Luján tells the Co-
        mendador that it is nearly 9 p.m.; but when, in line 2582, the
        Comendador asks for the time, Luján replies that it is three
        o'clock. This means that Luján has only heard three strokes of
        the clock, but, as the Musician points out, the clock had struck
        eight times before that; i.e., the Musician is saying that the time
        is eleven o'clock. Luján's words in lines 2587-8 mean that he
        would have been right in saying that it was three o'clock if the Co-
        mendador had only waited long enough... until it was three o'clock
        in the morning. Yet, when we next find the Comendador, in
        line 2730, he says 'a las once estoy'. If there is not a discrepancy
        here, we must interpret these words as meaning 'a las once horas';
        that is to say, between eleven and half-past eleven. To complicate
        matters further, we subsequently learn that Peribáñez arrived at
        his house at ten o'clock that evening (line 3076). Again, the appa-
        rent contradiction may be resolved if we consider that he could
        have been waiting in his hiding place between ten and half-past
        eleven, when the Comendador arrived. In conclusion, the sequence
        of events in Act III is probably as follows:

> line 2501:   dusk: Leonardo takes leave of Inés.
> line 2527:   before 9 p.m.: Comendador prepares his plan.
> line 3076:   10 o'clock: Peribáñez arrives at his house.
> line 2582:   11 o'clock: Comendador gets ready to leave.
> line 2730:   after eleven: Comendador arrives at Peribáñez's
>   house.

The objection that two whole hours have elapsed before our eyes
between lines 2527 and 2584 is overruled by a consideration of the
fact that a whole night elapsed before our eyes between lines 1484
and 1536 of Act II.

2593:   *Repartilda* refers to *bebida* not to *nieve,* as Hartzenbusch and
        other editors believed (see Variant 2592).
2595:   *Bayeta:* 'black material used for mourning clothes and as lining to
        dresses' (Covarrubias).
2598:   The Comendador thinks that black clothes are an unwelcome omen
        of death (see note 2427); yet, ironically, he is correct in rejecting
        them, for black clothes were worn only during the daytime, the
        coloured ones being reserved for night-time. Poor, or non-existent,
        street-lighting probably made this custom necessary.
2623-9:   Cf 'Como quiera que no ay cosa oy en el mundo tan tierna ni
        tan delicada ni tan frágil: como es la honrra y reputación de la
        muger: en tanto grado que paresce estar colgando de un cabello';
        J. L. Vives, *Libro llamado Instrucción de la muger christiana,* trans.
        from Latin by Juan Justiniano (Valencia: Jorge Costilla, 1528), 28a.
2636-7.   Peribáñez means that honour can only be truly preserved intact
        if one lives among deaf and dumb neighbours (see notes 1942-3
        and 2084-5).

2646-7:   Cf 'Hector then turned to his horses, called them each by name
          and talked to them. «Xanthus, and you, Podargus; Aethon, and
          my noble Lampus; repay me now for the attentions lavished on
          you by Andromache, a great king's daughter, who has always
          hastened to put honeyed wheat before you...»'; Homer, *The Iliad*,
          trans. E. V. Rieu (Penguin Classics, 1977), 150.

2652-4:   For Peribáñez, dishonour is a heavy burden (see lines 2673, 2710-11,
          3051, 3054-5, etc.); consequently, he is grateful to his horse for
          having carried both him and his burden. On the other hand,
          when he had honour he felt *alentado,* which in the context means
          both cheerful and weightless.

2662:   *fieltro de camino:* 'waterproof cloak made of coarse wool' (Cova-
          rrubias).

2672-3:   The walls of his house are also bowed under the burden of his
          dishonour (see note 2652-4).

2682:   *omit.*] D-J;   ANTÓN A-C.
          The repetition of the speaker's name in A-C probably indicates
          that Antón appears on stage at this moment.

2686:   a dormir] G-J;   dormido A-F.
          It must rhyme with *servir* (1. 2689).

2700:   regalalda y servilda] I-J;   regaladla y servidla A-C, F;   regaladla
          y servilda D-E, G-H.
          It must rhyme with *Casilda* (1. 2699). Logically both words should
          be altered.

2721-4:   The song is not accurate. The villagers did not laugh when the
          Comendador fell; on the contrary, they were very concerned about
          his health. The song also reflects the state of mind of the Comen-
          dador. Cf line 2597: 'Todos se burlan de mí'.

2730:   Souls in torment normally wander about at midnight, and, accord-
          ing to our timetable (see note 2584), the Comendador dies at about
          midnight.

2731:   *cuenta = cuenta de perdón:* 'a prayer said on behalf of a soul
          in purgatory'. The Comendador is asking Inés to get him out of
          his purgatory.

2733-4:   Leonardo is making sure that Peribáñez stays in Toledo during
          the night and does not interrupt the proceedings. The latter, however,
          manages to outwit Leonardo by means of his two horses (see line
          3081).

2750:   (Luján ha de entrar)] Luján, ¿ha de entrar? D-J.
          We interpret these words as being a statement of purpose, and not
          a question that remains unanswered.

2764:   *luz de las esquinas* is probably the light that filters through the
          cracks between the wall boards.

2770-1:   Cf the proverb 'Un pastor guarda cien cabras, y no puede a una
          que dejó en casa' (Martínez Kleiser, no. 39.881).

2774-5:   Peribáñez compares the red crest of the cock with the red cross
          of St James on the Comendador's chest.

2788-93: Just as the dishonour of a ruler redounds to the dishonour of
          his vassals, Peribáñez's dishonour affects the lives of his animals.

2822-3: Correas (*Vocabulario,* 592) gives two versions of this proverb: a) 'Huí del trueno, topé kon el relánpago', and b) 'Huía del trueno i dióme el korrisco (= lightning)'.

2834: A play on words: *prima* means both 'first' and 'cousin', and *tercera,* 'third' and 'procuress'. Cf note 971.

2885: As Zamora Vicente explains, hospitals of Nuestra Señora de los Remedios abounded throughout Spain. Lope is playing a pun on the word *remedio:* 'remedy' and the name of the hospital; hence the Comendador's reply: 'there is no remedy but in God'.

2886-96: D-F, H and J have inserted here a series of stage-directions showing Peribáñez chasing Luján and Inés on and off stage until they are both killed off stage. We have kept the one stage-direction in A-C (l. 2894) only, since we think that it more than suffices to explain all the movements of the characters: Luján, Inés, Peribáñez, and Casilda appear on stage in line 2886; Peribáñez stabs both Luján and Inés on stage (lines 2892 and 2893); and they, like the Comendador before them, die off stage.

2908: In his previous appearance (l. 914), the King was simply called Enrique in A. Now he is called REY. We retain the inconsistency.

2917: *la Vega:* fertile land to the north of Toledo; it is still known by this name.

2920-4: The passage is slightly obscure. A possible translation is: 'When I climb the battlements by that diamond ladder, I shall hope to see the water meadow transformed into another Toledo with its tents, etc.' As Hill and Harlan explain (p. 175), *diamante* is used here in the sense of 'adamantine, imperishable, everlasting'.

2930: The Queen was Catherine of Lancaster (1373-1418). Pérez de Guzmán describes her as white-complexioned, blonde, tall, and fat (*Generaciones,* 8-9). Her marriage to Enrique (in 1388) and the birth of their son Juan (later to become Juan II of Castile) put an end to the dynastic problems created by the heirs of Pedro el Cruel.

2931-47: The mutual compliments exchanged by the King and Queen in this passage should be compared with those between Peribáñez and Casilda in lines 41-120. The harmonious marriage of the royal couple represents in this play, as in Calderón's *Casa con dos puertas,* 'the ideal towards which the characters should strive and also, of course, at which the audience should aim', J. E. Varey, *'Casa con dos puertas:* Towards a Definition of Calderón's View of Comedy', *MLR,* LXVII (1972), 83-94.

2943: hereda] encierra A-J.
It must rhyme with *queda* (2941) and *conceda* (2945). Our emendation was actually suggested by Hill and Harlan (p. 176), although they themselves did not incorporate it into their text. We feel, however, that it is obviously the correct reading. The compositor's error can easily be explained if we visualize the word *hereda* written out in long hand without the *h.*

2948: Since Prince Juan was born on 6 March 1405, he was 17 months old at the time of the action of the play.

2952:   *la Vera:* la Vera de Plasencia, a district in the province of Cáceres.

2953:   *Guadalajara.* 35 miles NE of Madrid, it was recaptured from the Moors by Alvar Yáñez de Minaya, one of El Cid's comrades-at-arms.

2954:   *Atienza.* Town in the province of Guadalajara; it was reconquered from the Moors by Alfonso III as early as 877.

2962:   Gómez Manrique's words are not accurate. Peribáñez did not kill the Comendador out of jealousy, but in defence of his honour. This is probably why the misinformed King orders Peribáñez's death as soon as he sees him. Cf the way the Catholic Kings are misinformed by Flores in Act III of *Fuenteovejuna* (Acad. X, 555b).

2970:   o sean] o sea D-E, H-J.
       The variant reading is nonsensical: to be imprisoned is not the same as to be killed.

2971:   *renta:* 'reward' (see also line 3116).

> Cf   Pues yo haré que el rey te libre,
>   y mil ducados de renta
>   con la libertad te dé.

> *La estrella de Sevilla,* ed. F. O. Reed, E. M. Dixon and J. M. Hill (Boston: Heath, 1939), 34.

2972:   luego... los] D-J;   *omit.* A-C.
       Hartzenbusch's emendation is not the only possible one. *luego* could be, for example, replaced by *pronto* or by *presto.*

2974-5:   The King's words probably mean: 'Is it possible that such wickedness should remain unpunished by the Heavens?'

2985:   Cf Psalm LXXIII, 22: 'Arise, O God, judge thy own cause'.

2993:   The administration of justice is the main duty of the King in the *comedia:*

> ... que al cetro y suprema vara
> de la justicia del rey,
> que es virtud y no es venganza,
> toca el hacer justicia.

> (*La mayor virtud de un rey,* Acad. N. XII, 648a)

2999-3001:   ¡Basta que los ... / ... / igualan!] Basta. ¡Qué! ¿Los ... / ... / ... igualan? D-G, I-J;   ¡Basta, que los ... / ... / ... igualan! H. The King's sentence is exclamatory. Cf lines 2470-1.

3013:   The *h* of *habla* must be aspirated in order to meet the correct syllable count. This pronunciation is one more aspect of the rustic speech to which Peribáñez has now reverted.

3039:   *vara:* 'staff of office'. Peribáñez was mayor of Ocaña for six years.

3042-3:   'Casilda is so virtuous that even envious people found it impossible to fault her.'

3051:   *cargas:* the heavy burden of dishonour. Cf note 2652-4.

3080-1:   This is how Peribáñez managed to evade Leonardo's vigilance. See note 2733-4.